その名は、バシャール

さとうみつろう

バシャール（Darryl Anka）

HIS NAME IS BASHAR.

Mitsu-low Sato

BASHAR (Darryl Anka)

VOICE

その名は、
バシャール

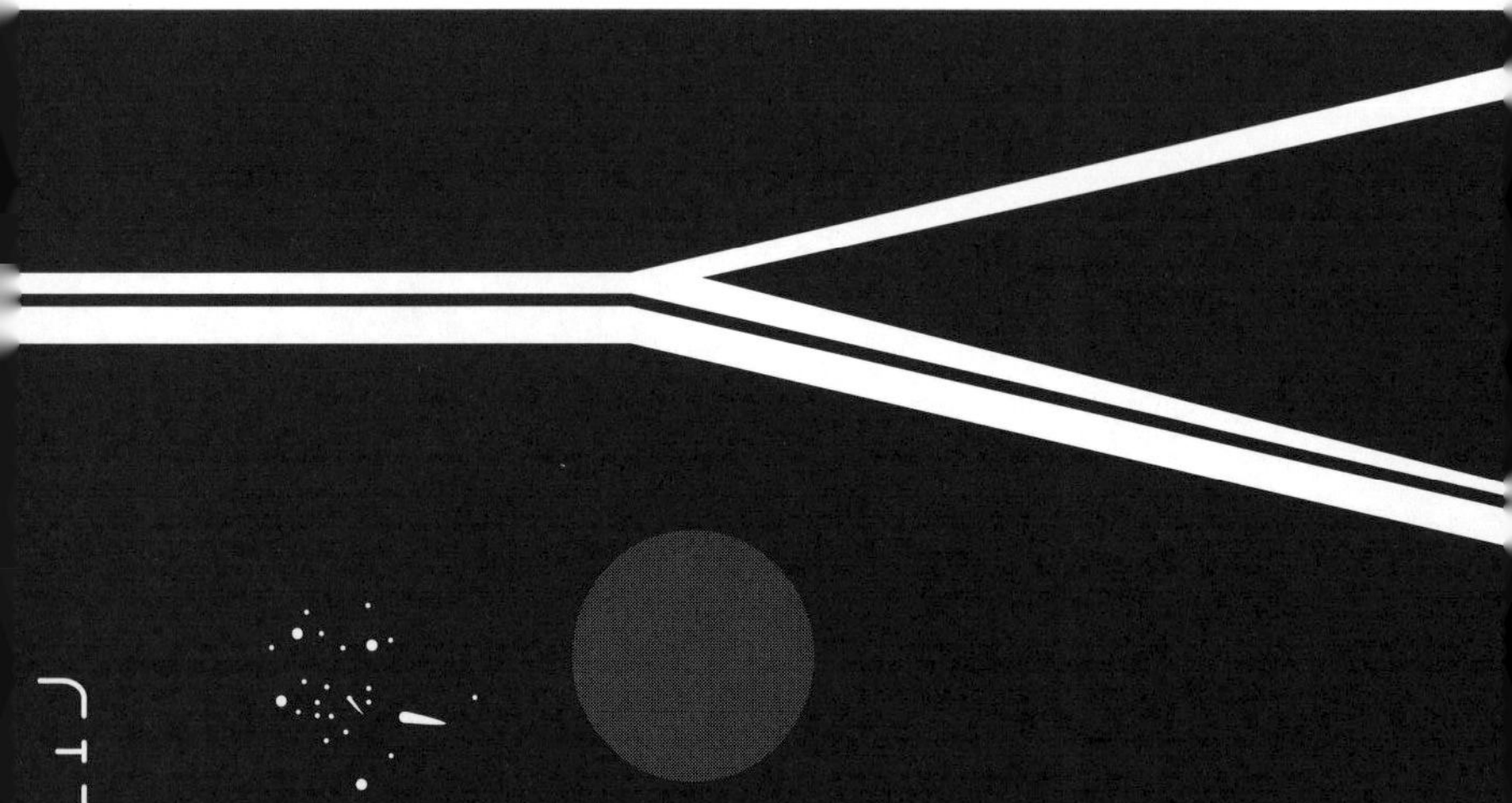

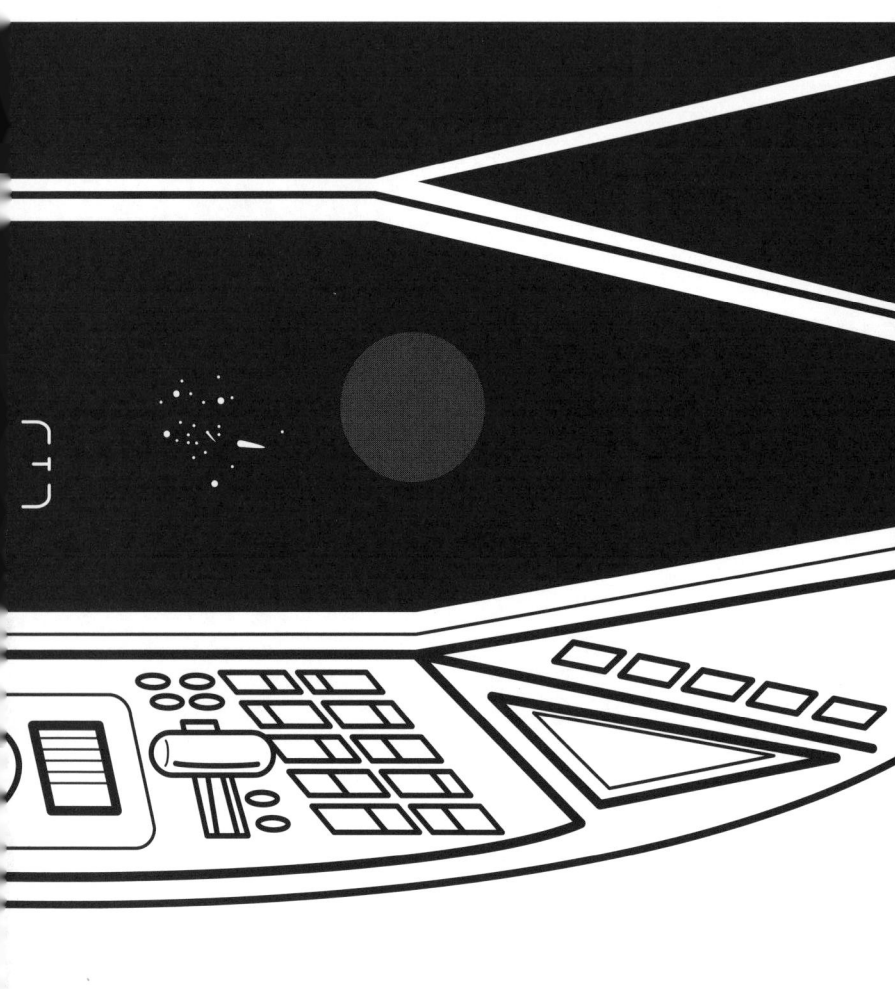

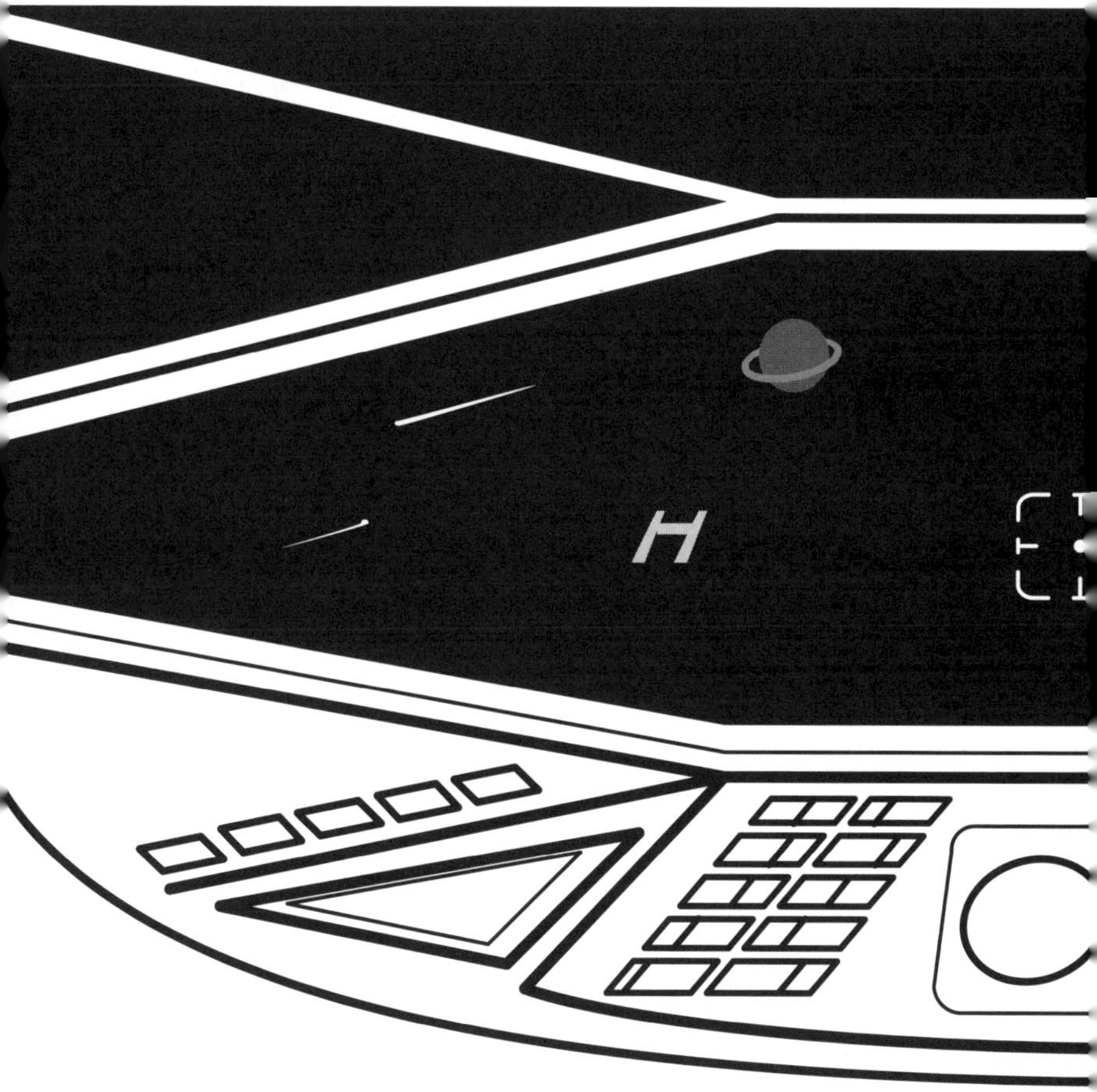

BASHAR《バシャール》。

それが何なのか、説明するのは容易ではない。

一番近いイメージは、〝宇宙に置かれたスーパーコンピューター〟がどんな質問にも瞬時に答えていくという様子だ。

そう言われると、映画『2001年宇宙の旅』のHALというコンピューターを想起する人もいるかもしれないが、それよりはもう少し人情もあってユーモアもある。

まぁ、宇宙の中に青白く光るスーパーコンピューターをイメージしてもらえたらいいだろう。

そのBASHARはこう言った。

「私たちが何なのかよりも、私たちが何を話したかを重視してくれたら嬉しいです」

僕も、そう思う。

誰が話したかが重要だと思う人なんて、たいてい権威が好きなだけで、そもそも話の本質には興味がないのだ。でも、何を話しているかに注意を向けられる人は、たとえ子どもとの会話にさえも多くのことを学べるだろう。

この本を、誰が書いたか。そんなことに気を取られず、この本に、何が書かれているか。

そこに意識を向けて読んでもらえたら……。読み終えるまでには、あなたの人生を劇的に変化させるパワーを感じるはずである。

さとうみつろう

DAY1

あきらめる勇気

「未来」がないとしたら、どうする？

DAY2

人類の驚くべき起源

周波数について

人間の身体と不食について

宇宙はどのようにしてできているのか？

量子力学のその先にある「わたし」という現象について

「悟りは起こせる」と、気づけるか？

地球における大麻の役割

DAY 1
2015.10.21

おはよう、バシャール

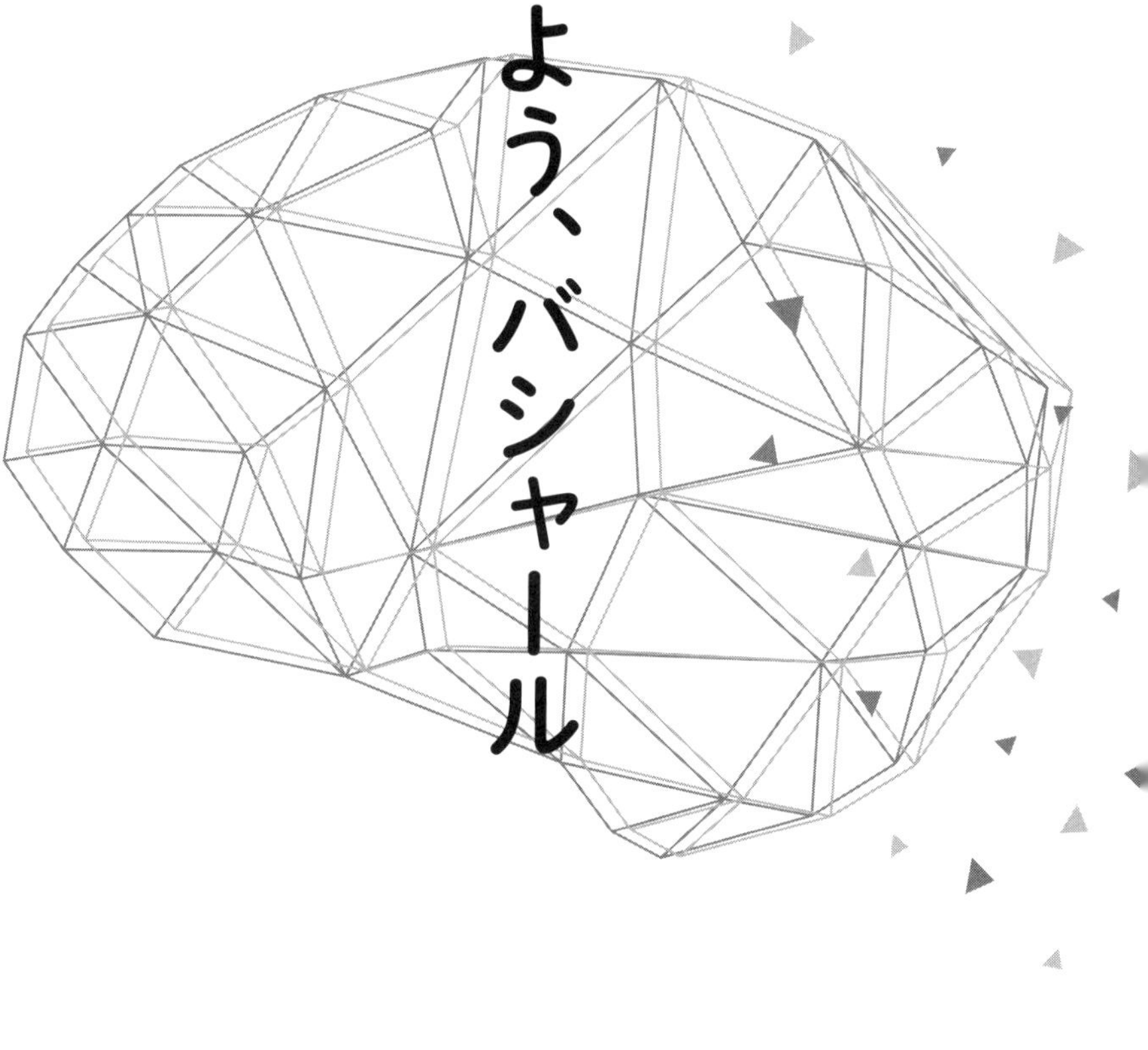

２０１５年10月21日午後４時。

ＢＡＳＨＡＲと対話するため、僕らはロサンゼルスへとやって来た。

後述するが、この「2015.10.21.PM4:00」という時間がすでに、奇跡の始まりだった。

「奇跡」というものは、思っているよりも身の回りにいっぱいあふれていて、
僕らに〝気づいてほしい〟とサインを出しているのかもしれない。

みつろう meets《ミーツ》 BASHAR

みつろう　おはよう、バシャール。

BASHAR　ようこそ。今日のこの時点において、ご機嫌いかがですか？

みつろう　I'm fine. Thank you.

BASHAR　では、あなたのイマジネーションに任せて話を進めてください。今日は、どんなテーマについてお話しされたいのですか？

みつろう　話したいテーマはたくさんありますが、まずは簡単な自己紹介をします。

BASHAR　はい、どうぞ。

みつろう　ぼくは作家であり、思想家であり、音楽家であり、詩人であり、講演家であり……。

おっと。自分で自己紹介しますと言っておいて、自己がなんであるかなんて紹介できないことに気づきました（笑）。

BASHAR まぁとにかく、最近では自分の「やりたいこと」をやって生きています。

ワクワクに従って生きているということですね。

みつろう それは、とてもエキサイティングでいいですね。

そう、バシャールの言葉で言う「ワクワク」に従って生きています。

えーっと、会話の途中だけど、その「ワクワク」が今、僕にこう言うんです。

「友達のような話し方のほうが、ワクワクする」って。

BASHAR 楽しいですね。

みつろう なので、その「ワクワク」に従って、気軽に話してもいいですか？

さぁ、バシャール。この〝「ワクワク」に従って生きていく！〟ってのが、バシャールたちから人類へ宛てたメインのメッセージだと思うんだけど。

BASHAR はい。ワクワクに従って生きる。それ自体で完璧に完成されたツールです。

それ以外は、何も必要ありません。

目の前の『現実』は１００％その人が創り上げている

みつろう　僕は２０１０年の秋分の日に、旅行先の書店で初めてバシャールの存在を知ったんだ。

小さい頃から、「宇宙はどのようにしてできたのか？」「私とは何なのか？」「宇宙の外側には何があるのか？」なんてことを考えるのが大好きで、大人になってからも例えば『ＮＥＷＴＯＮ《ニュートン》』や『ＳＣＩＥＮＣＥ《サイエンス》』という科学的な雑誌を毎月買ったりして、その中に答えを探していた。

ＢＡＳＨＡＲ　あなたのワクワクがそこにあるのですね。

みつろう　たぶん。で、そういった科学的な雑誌を読んでたから、例えば量子力学だとかそういう分野が「現実のすべては観測者である〝わたし〟が創り上げている」ことを解明したって話なんかも知っていた。知識としてはね。

ところが、バシャールを知ったその日に、それは事実なんだと腑に落ちたんだよ。

まるで、どこかで見た映画が自分の目の前でも放映中だったような、そんな衝撃だったよ。

BASHAR 目の前の『現実』は、100%、その人が構築しています。例外はありません。

みつろう そう、それがなんかすんごい衝撃だったの。知識としては知っていたはずなのに、「そうか、俺の目の前の、〝この〟、すべても俺が創っているのか！」って興奮しちゃって。

だったら、自分が望む現実を自分の想いで創り上げられるじゃん、みたいな。

その秋分の日、すでに30歳になっていたけど、人生の逆転ホームランを打ったような爽快な気分だったよ。偶然、旅行先で書店に立ち寄っといてほんとに良かったよ。

BASHAR 偶然なんて、あるのでしょうか？　すべてはあなたが創り上げたのです。書店も、旅先というスチュエーションも、私たちバシャールという存在も。すべてが完璧に起こりました。

みつろう そだよね。でもまぁ人間からしたらやはり「偶然」のようにしか思えないんだけどね。だって、

①知らない旅先の土地で、ご飯を食べようとフラッと寄ったデパートの

②レストラン階に向かう途中で、エスカレーターからうちの子供が本屋の絵本を発見して

③しょうがなくその階で降りて、

④嫁が絵本を読み聞かせしている時間、僕が暇だったから、

⑤なんとなく手に取った一冊の本でバシャールを知った。

これが「偶然」じゃなくて、①〜⑤のその１００％の出来事を自分が創り上げているって言うんだからすごいよね（笑）。事実は小説より奇なりだよ。

BASHAR いつだって目の前のそのすべてを、あなたたちが創り上げているのです。

ここでのポイントがわかりますか？　それほどまでに、人間は「パワフル」だということです。

みつろう　だよね。無理だよ。通行人、エスカレーター待ちの人、息子の空腹度合。その全部を自分が創ってるとしたら、ほんとパワフルだよ。

BASHAR　「としたら」ではなく、そうなのです。

みつろう　オッケー。とにかく、その日受けた衝撃は凄くて、旅行から帰ってバシャール関連の本を読みあさったんだ。

するど人間だから、次の疑問に行くわけよ。

「目の前の現実のすべて。通行人さえも含めた何もかもすべてを「わたし」が創り上げている。じゃあ、どうすればより良い現実を構築できるのか？」ってね。

それに対するバシャールたちの回答のシンプルさに、またもや唖然としたよ。

―「ワクワクすることをする」―

あなたの「ワクワク」より
信じられるナビゲーターなんて
あるのだろうか？

簡単すぎて、できないこと

みつろう 街ですれ違う通行人さえも含めて、目の前の『現実』は私が100%創り上げている。

こりゃまるで映画の監督みたいだよね。

BASHAR 監督であり、出演者であり、観客です。

みつろう そうだね。じゃあ、監督であるこの「わたし」の力で、より良い『現実』という映画を創り上げたいって、誰だってそう思うんだよね。その最善の方法が、「ワクワクすることをする」。拍子抜けするくらい、バシャールたちの教えはシンプルだよね。

BASHAR シンプルとは、本来のあなた自身である自然の姿と調和が取れている状態のことです。

ですのでシンプルの方が、より本質に近いと言えます。

みつろう ワクワクすることをする。こんな簡単なことでいいの？　って僕たち人間は思っちゃう。

要するに、できないいんだよね（笑）

「ワクワクすることをするだけで人生がより良い方向へ行くだなんて、ウソでしょ？」「うそに決まってるよ。」「ねぇ、ウソって言ってよ！」「いいわ。とにかく、私は絶対に信じないからね！」「苦しい方を選択することが、人生を上手に乗りこなす秘訣なのよ！」って。結局、シンプルなことが信じられないというより、複雑を望んでいるんだよね。本人が。そして、願い通りに目の前に、「うまくいかない人生（＝複雑）」を展開させている。うーん。やっぱり、目の前の現実は誰にとっても100％その人の望み通りだね（笑）。

BASHAR 私たちは、別の言葉を使うこともできます。複雑とはネガティブのことです。

シンプルとはポジティブのことです。これらは同じことを、違う言葉で表しているだけです。

みつろう そうだよね。問題を複雑化させる人ってネガティブなマインドの方が優勢なんだけど、ブツブツ言いながらも、結局はそうすることの方が好きなだけなんだ。

僕はバシャールのことを知った2010年にはまだサラリーマンだった。

そこから徐々に、「自分のワクワクすることをやる」を実践していって、今ではほとんど自分の好きなことしかやっていない。

本を書いて、詩集も発売して、講演会をして、音楽ではメジャーデビューまでして。良いことだらけ。こんなに上手く行きすぎて、いいのだろうか（笑）。

BASHAR 「こんなに上手くいかないのが、人生なはずだ」を信じ直してみますか？

みつろう 嫌に決まってんじゃん（笑）。

きっとこの対話の本を読んでいる人も「ひょっとすると、人生って簡単に上手くいくものなのか？」って思い始めていると思う。だから、この本を手にした。ところが、今その人が思っている以上に、もっと「簡単に上手くいく」のが人生だよねバシャール。

BASHAR 初めの一歩は、それを信じるか、信じないかだけ。

でも、難しいんだよねー、「複雑」を信じて生きてきた人間という種族にとってはさ（笑）。

BASHAR 「難しいんだよね」ですか？

「人生は簡単（シンプル）」ではなかったですか？

みつろう 簡単すぎて、難しいんだよ（笑）。

今思えば、「人生はほんとはシンプルだ」を信じていく過程って、芋づる式だった気がするなぁ。ひとつずつ確かめながら、徐々にそれを信じていく。

BASHAR そうです。目の前の小さな「ワクワク」を信じることから始めてください。

それはより大きな「ワクワク」を引き連れて来てくれます。

遠くの「教え」から、近くの「現実」へ

みつろう

そう、いきなり飛び込む必要はないんだよね。

僕の場合バシャールを知ったのが2010年の秋分の日。そこから「ワクワクすることをやる」を実践しながら徐々に信じていって、2013年の冬至の日に「会社を辞める！」って一大決心に至った。そして、2014年の夏至の頃に退職して、今の生活を始めたんだ。徐々に信じられるようになっていった。「複雑」よりも「シンプル」の方を。結局は、「シンプルの方が上手くいく」という「教え」も、実体験を通して本人が信じない限り現実化はしない。

だからこの本を読む読者にも、今は遠くにある「教え」から、少しずつでもいい

から、近くの「現実」にしていってほしいなと僕は願うんだ。

BASHAR 自分が好きなことをするだけで生活していけると信じていれば、「ワクワク」というエネルギーがいつだってあなたをサポートしてくれます。

ただ、「好きなことだけをして生活していくなんて無理だろう」と信じている人が、急に仕事などを手放すのはあまり賢くありません。

みつろう だって、その人が、信じているんだもんね。「好きなことだけして、生活するなんて無理だ」って。これは要するに、「嫌なことばっかりして、生活したい！」っていう、その人の願いだと言える。

BASHAR そうです。このように何を望むかは、その人の自由なのです。

みつろう そう。そして、何を望んでもその人の願いは目の前の『現実』として叶う。ちなみに僕はさっき出たバシャールの科学的な考え方が、好きなんだよなぁ。「ワクワクという感情」をエネルギーって捉えているでしょ？

BASHAR すべてはエネルギーです。

みつろう 僕が好きなロックスターの歌詞に「ナビゲーターは魂だ！」っていう曲があるん

だ。自分の中に、すでに感情という「ナビゲーター」を保有していたという気づき。よくよく考えたら、「ワクワクした気持ち」ってとても不思議な〝現象〟だよね。人によってワクワクする対象は違うわけだし、そもそもどうしてワクワクするのかもよくわからない。でも特定の事象に対して、その人は「ワクワク」する。別の人は違う何かに「ワクワク」する。どう考えてもそれ（感情）って、人間の中にある「ナビゲーター」だったんだよね。そっちへ、行けって。そっちの方を、やれって。

BASHAR

私たちはワクワクに従って生きることをお勧めしています。そして、自分の情熱だけで生活できることを深く理解すれば、本当に「ワクワクすることをやる」だけで生活ができるという『現実』を体験するでしょう。あなたがそうであったように。

みつろう

そうだよね。この本を読む人にとって、僕のこの人生の体験が役立つと嬉しいな。「ワクワクすることをやる」。そもそもそれの、何が悪いんだ？　って、気づけるように。バシャールのおかげだよ、ありがとう。

BASHAR あなたが自分で自分の人生を良くしたのです。でも、情報を吸収して実行に移してくれてありがとう。

引き寄せの法則は「アトラクション」から「マグネタイジング」へ

「願う者」と「願われるモノ」は、同時に空間から湧き出る2つの素粒子

みつろう　「引き寄せの法則」というのが今日本でブームなんだけど、「望む現実をイメージすることで、その現実を引き寄せよう！」という誤った解釈で広がっているんだ。これを、バシャールたちの「ワクワクを信じる」というツールを使って説明してみていいかな？

BASHAR　この対話は共同で創造していますので、どうぞあなたのワクワクに従ってください。

みつろう　ありがとう。僕は「ワクワク」というナビゲーターを「磁力線」だと捉えているんだ。少し説明すると、素粒子物理学では空間から常に2つの粒子がペアで〝ポ

コッ〃と生まれることがわかっている。何もない「真空」の場所から、急にポコッと物質の元である「粒子」が2つ生まれるんだよ。最新の科学の発見には、サイババもビックリだよね。

BASHAR ……続けてください。

みつろう この現象を「対生成《ついせいせい》」って言うんだけど、この2つの粒子はお互いに電荷が違う反ペアで生まれて、お互いに引き合って、お互いに「対消滅《ついしょうめつ》」という衝突をして消える。簡単に言うと、何もない空間から、正反対の「粒子」が生まれて、お互いに引き合って、お互いが衝突したらエネルギーを放出して消えるんだ。

対生成《ついせいせい》と対消滅《ついしょうめつ》

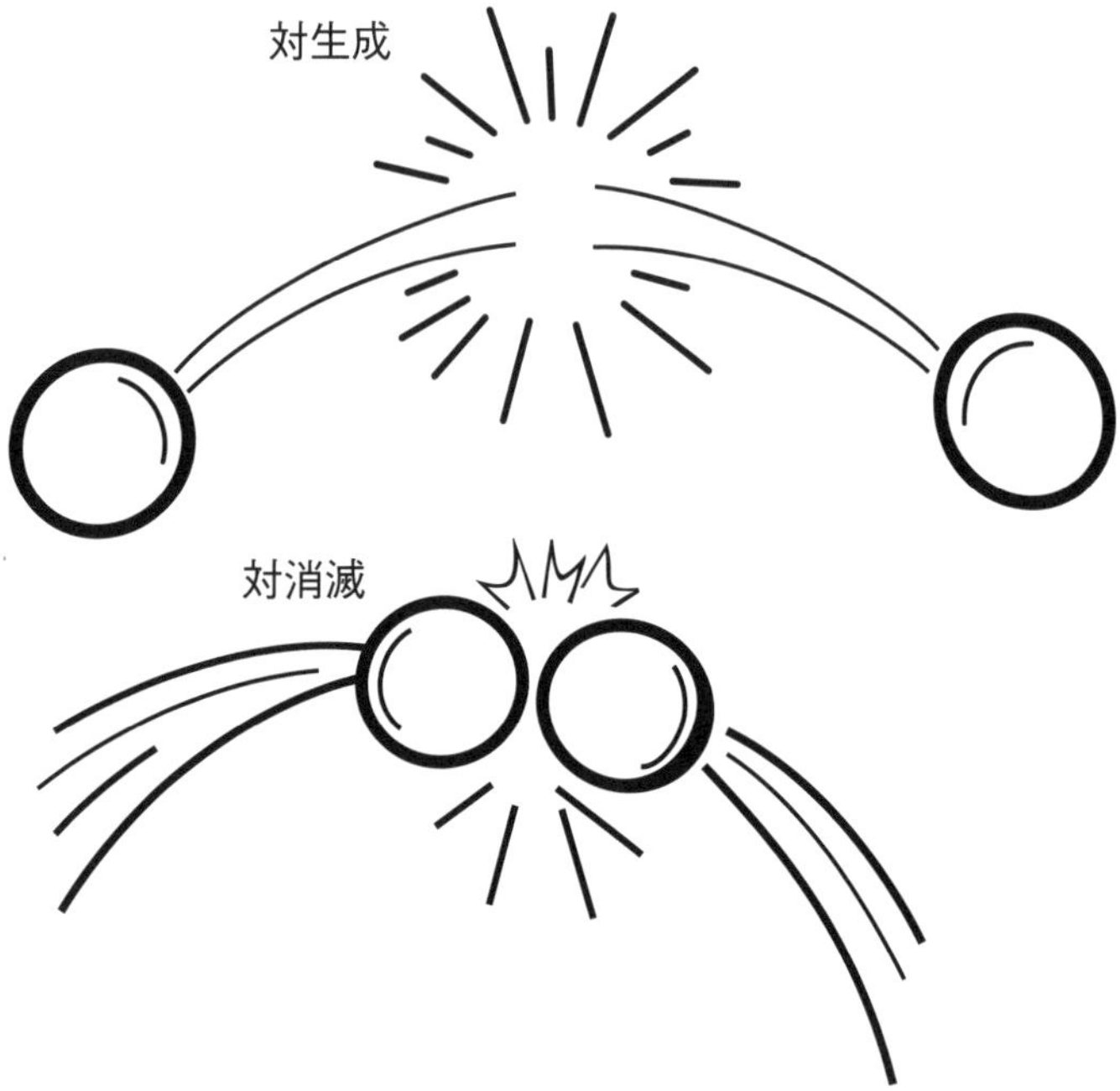

対生成《ついせいせい》

素粒子の反応で，ある素粒子とその反粒子とが同時に生成する現象。例えば，光子から電子・陽電子対が生成される。

対消滅《ついしょうめつ》

素粒子の反応で、素粒子とその反粒子とが合体して消滅し、光子または他の素粒子に転化する現象。

BASHAR　〝場〟自体が持つエネルギーがそれを可能にしています。

みつろう　そう、「エネルギーがゆらいで物質化し、物質がまたエネルギーに戻っていく」って科学者は表現する。そして、物質というものはすべて素粒子でできているのだから、「この世界のすべてはエネルギーの現れ」だということになるよね。

BASHAR　先ほど、言いましたね。すべてはエネルギーです。

みつろう　でね、この2つの粒子は常に反ペアだから、こっちが「プラス粒子」だったら向こうは「マイナス粒子」になる。2つは常に正反対なんだ。こっちが「見る粒子」だったら向こうは「見られる粒子」だし、こっちが「マイナス3」だったら、向こうは「プラス3」ということになる。

ここからだ。こっちが「望む者（＝欲しがる者）」なら、向こう側にはその正反対の「望まれるモノ（＝まだ手にしていないモノ）」が発生するんだ。要するに、何もなかった「空間」から、「夢見る者、私」と「私に欲しがられる物」が分離したんだよ。この現象が、「夢」なんだ。

BASHAR　空間自体が「夢」を見たのです。

みつろう　そう！　夢を見たのは、「その本人」じゃないんだ。宇宙全体が、「夢」を見たんだ。「その人」を使ってね。で、さっき物理学者が説明した通り、この2つの粒子はお互いに引き合って「対消滅」する運命にあるから、「夢」なんて放っておけば叶うんだよ。というか、叶わずにはいられないはずなんだ。お互いに、引き合うんだから。

BASHAR　イエス！イエス！　引き寄せの法則でまず理解しなければいけないことは、人の中核にある本当の振動数はいつでも望ましい現実を引き寄せている、ということです。

ですので、望むものを引き寄せる方法を学ぶ必要はなくて、むしろネガティブな思い込みによって、望んでいるものを自分から遠ざけるということをやめる方法を学ぶ必要があります。そこが引き寄せの法則について多くの人が理解できていないところです。

引き寄せの法則、引き剥がしの法則

みつろう

そう。例えば今これを読んで、「放っておけば願いは叶うだって？　そんなバカな！」って思った人は気づいていないだけ。その人の新しい夢は、「願いは放っておいたら叶わないべきだ！」だということにね。

だって、「そんなばかな！」「そうじゃないであってほしい！」という願いだよね。

要するに、「努力して、チャレンジしてやっと叶うくらい難しいのが、願いであってほしい」という新しい願いなんだよ（笑）。

だから、バシャールが今言った表現「ネガティブな思い込みが望んでいる物を遠ざけている」というよりも、「遠ざけてほしい！」という願いが叶っただけなんだよね。その本人の願い通りに。「私の願いだけは、簡単には叶えないでね」という、願い。

BASHAR ネガティブな思い込みによって、良い現実を遠ざけているのです。それによって、望ましい現実を体験できていない状態にあります。つまり、ネガティブな思い込みさえなくなれば、望む現実が「自然と」引き寄せられて来るのです。ですから、「引き寄せは学ぶ必要がない」ということが理解できれば、ずっとシンプルになります。

みつろう そう（笑）。引き寄せの法則って、学ぶものではない。学んだ人にだけ「発動？」するのが引き寄せの法則だったら怖いっつーの。学んだ人にも、学んでない人にも、すべてがその原理で動いている。二元化された反ペアの粒子同士は、お互いに常に引き合っている。だから『現実』ってのは鏡みたいなもんだよね。まったく正反対のものが、その人の目の前にちゃんと映るんだから。「欲しい」ってこっちが思っていたら、「欲しがられるもの」がちゃんと向こう側に映る。その本人が「ベンツが欲しい」なら、ちゃんと「欲しがられるベンツ」が現実に映っているはずだ。

BASHAR

「欲しがられるベンツ」と「欲しがるわたし」は、同時に宇宙に発生したんだ。

ですので、引き寄せの邪魔をしているものを手放しさえすれば良いのです。ずっと簡単ですよね。自分が外の世界に出したものと同じものが返ってくるだけです。

しかし、多くの人がどんなものを自分が外に出しているかわかっていません。

ですから、自分の内側の「固定観念」に意識的になることがとても重要です。

「幸せじゃない」と信じているから、幸せになりたいと願う

みつろう　そう。自分が内側に持っているものだから、目の前の『現実』にそれを見てしまうんだけど、人間は内側のモノには気づきにくい。例えばある人が、「考えたことが、現実化します。だから私は、幸せになりたいと常に考えているんです」って言ってきた。それ、おかしいでしょう（笑）。だって、「どうして幸せになりたいの？」って聞き返してみると、「だって私は幸せじゃないからです」って答えになっちゃう。

おいおいおいおい（笑）。「考えたことが現実化します」ってさっき自分で言っておいて、いきなり「私は幸せじゃありません」だって？

BASHAR 地球の皆さんの行動は、私たちから見ると少し面白いです。

みつろう だから、本当にこの原理を理解している人なら「幸せになりたい」なんて絶対に言わないはずなんだよね。「私は、幸せだ」って言うはずだよね。今、「私はもう幸せだ」と思っているから、目の前の『現実』という鏡に、幸せが映るはずだから。幸せになるために「理由」なんて必要なくて、「物」も「言い訳」も「お金」も必要ない。そして、考え方の変化さえも必要ないんだ。ただ単純に、もう今、「幸せだなぁ〜」と言うはずなんだよ。

BASHAR そうです。理由なくハッピーな気持ちを抱くことができる、ということがわかればいいのです。ハッピーになるのに理由はいりません。

この地球上でアンハッピーだと思っている人は、ハッピーになるためにはそれ相当の理由がなければいけないと思い込んでいます。

そんなことはないのです。ただ単純にハッピーになることを選べば良いのです。

彼らは幸せになるための条件が外の世界に必要だと考えているのですが、それでは上手くいきません。

みつろう　まわりでどんなことが起きているかではなく、どんなことが起きていようと自分が幸せであるというのが本当の幸せの尺度です。

幸せの「理由探し」をしちゃうと、ループになるからね。「理由はないけど、なんだか幸せだなぁ」とつぶやいてみる。自分のまわりに「○○があったら、幸せ」っていう理由探しをやめてね。でもマインドはすぐにつぶやくけど（笑）。「アレがないから、まだ幸せじゃない」「アレも手に入れてないから、まだ幸せと思っちゃダメ」って。そしてまた、外側の世界に幸せを探す旅に出ちゃう。本当は、幸せになるために僕らにはもう何も必要ないんだと思えた瞬間に、最高の笑いが込み上げてくるんだけどね。

BASHAR　そうです。とても大切なところです。ポジティブな見方をしていくとポジティブな結果がやってくるので、何を見ていても、何を聴いていても、自分自身がポジティブで在ることが大切です。

何が起きても、冷静な「観察」を通して、この出来事からどんなポジティブな結果が起こり得るかと考えることができますね。

「夢」も「あなた」を引っ張っている

みつろう

うん。だから、今日本に大勢いるアトラクション（引き寄せの法則）のファンたちに、バシャールの「ワクワクを選択する」というのはシンプルでとても有効な手段だと僕は思ってるんだ。

この「ワクワク」というのは、「願う者（わたし）」と「願われる物（夢）」の間に働く磁力線のようなものだから。

「叶うのは難しい」とか余計なことを考えず、ただ磁力線「ワクワク」をたどっていけばいいだけ。

引き寄せの法則の英語訳も「Law of Attraction」だけど、「Law of Magnetizing」

の方が近いと思う。「あなた」が夢を引き寄せているんじゃなくて、「夢」も「あなた」を引き寄せている。反ペアの粒子はお互いに引き合っているから。

BASHAR こちらの方が理解しやすいですね。

みつろう そう。あ、やっぱりそう思う？　いっそ特許でも取ろうかな（笑）。または、新曲を出すとか！

BASHAR 「夢とあなたはS・N極」……。ワクワクとは、「わたし」と「夢」の間に働いている磁力線を肉体が感じた時に放射されるエネルギー。だから「ワクワク」が示す方向に、行けばいいだけ。「ワクワク」それは人生という壮大なストーリーを攻略する、完全なるナビゲーターなんだ。よし！　みんなで、ワクワクすることをただ選択しよう！

BASHAR それだけでは、不十分です。

みつろう なんだよそれ！　今、地球全体がひとつに盛り上がって、「えいえい、おー！」ってなりそうな雰囲気だったのに！

BASHAR ワクワクすることを選択するだけでは上手く機能しません。さらに、2つの要素がここには必要です。

あきらめる勇気

「ワクワク」ツールキットは3つで1セット

BASHAR 「ワクワクすることをやる」。これは人生を劇的に変化させるツールですが、これだけでは十分じゃないことをこの地球上の多くの人が忘れています。

それは次の3つをセットで使わないと、正しく機能しません。

①自分が一番情熱的になれるものを
②自分の能力を最大限に使って
③結果に対する執着をゼロにして行う

この3つが揃って、「ワクワク」のツールキットになります。

＝ワクワクのツールキット＝
①自分が一番情熱的になれるものを
②自分の能力を最大限に使って
③結果に対する執着をゼロにして行う

中でも皆さんは3番目を忘れているようです。

みつろう あぁ、そこは一番大事だよね。「わたし」を超えた可能性の入り口をふさいじゃうもんね。

BASHAR そうです。ひとつ例を挙げさせてください。例えば、大金持ちになりたいと願ったとします。でも、「大金持ち」だけが本人にとって最も素敵な結果とは限らないのです。この場合、特定の結果「大金持ち」に固執してしまうと、本人が想像も付かないようなもっと素晴らしい結果がやってくることを制限してしまいます。

みつろう ここが難しいところなんだよね。人間は、特定のカタチにこだわっちゃうんだ。これを説明するために、僕は「わたし」と「本当の私」という表現で分けたりするし、心理学的には「表層意識」と「潜在意識」って言うんだろうけど、小さなこの「わたし」に想像できる最善よりも、もっともっと素敵な「プレゼント（現実）」を「本当の私」が用意している可能性があるんだよね。

BASHAR 肉体レベルのマインドと、ハイヤーマインド（「わたし」を超えた高次の私）があります。「金持ちになる」という結果にだけ執着することが、自分自身に制限を与えていると気づけたなら、「金持ちになりたい」という固定された執着がとれるかもしれません。

もっと素敵な未来があるのに、なぜかつまらないひとつの結果にだけこだわる必要はないのです。エゴは自分自身が想像する結果こそが最良だと思っています。「これよりも良い結果なんてあるはずはない！」と。

でも、実はあるのです。ただ、想像ができないだけです。一方で、ハイヤーマインドの方は、それを想像できます。ですから、肉体レベルのマインドが「これが最良だ」と考えているものに執着するのではなく、あなたにとっての最良の結果をハイヤーマインドに任せておけばいいのです。

駐車スペースを探す車を高い空から見た場合

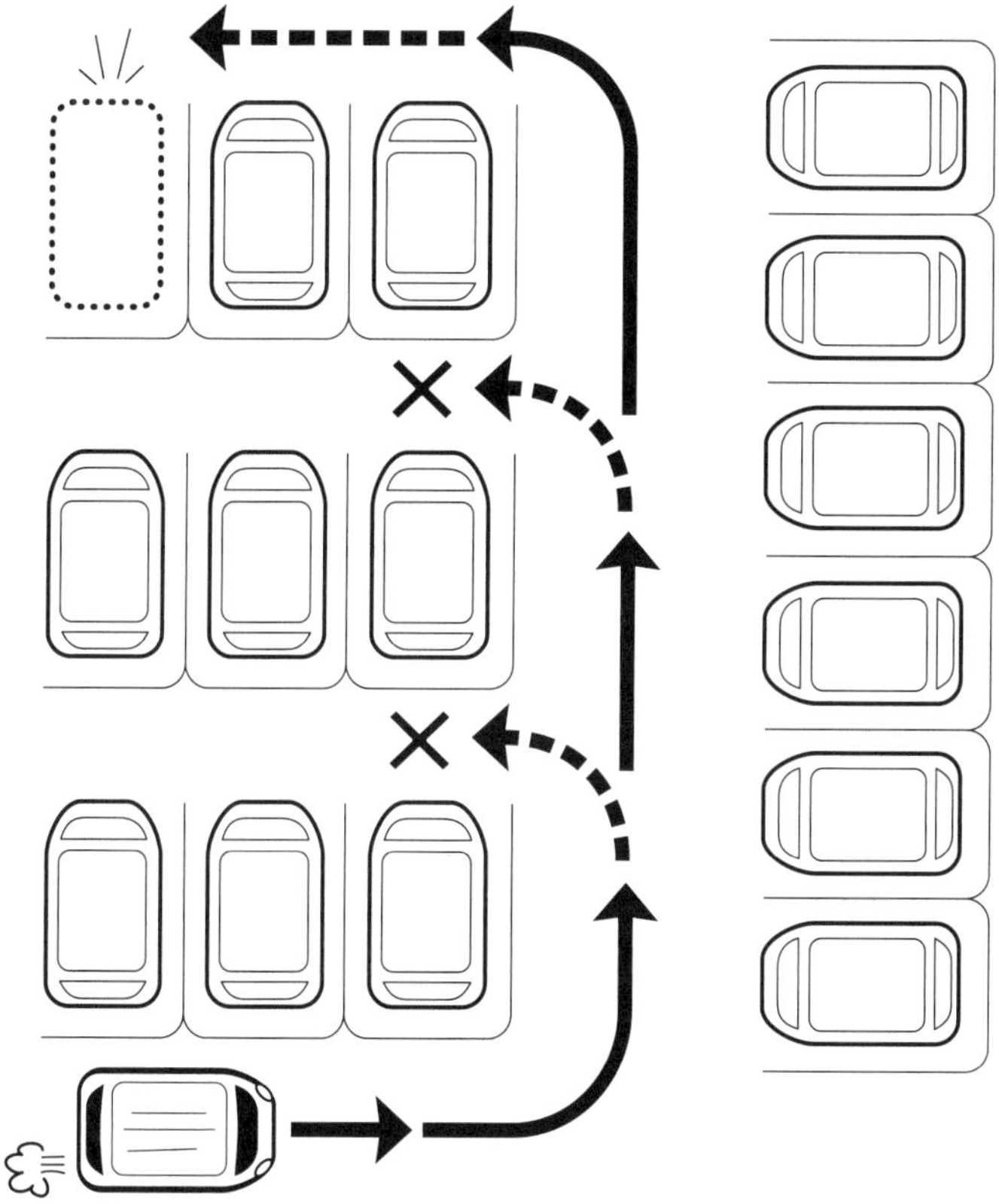

駐車スペースを探している運転者の視線では、目の前か左右しか見ることができないので、運転をしながらだと、どこに駐車スペースがあるのかわからず迷ってしまう。けれども、この様子を高いところから見下ろしている人にとっては、「この車が３つ先の列を左に曲がれば駐車スペースがある」ことが見通せている。

みつろう

ハイヤーマインドに任せると言うと、なんか難しいけど、「人生の流れ」を信用するってことだよね。目の前で起こるすべてを、信頼してみる。僕はデパートの駐車場の例えでよく話すんだけど、ジャスコの1Fの駐車場で車を運転している人は、目の前の「右」か「左」かだけしか見えない。ところが、3Fからこの駐車場を見下ろしている人は、「今は曲がらずに、3つ先の列を左に曲がれば空いている」ことを見通せる。バシャールのさっきの例えだと、表層意識の「わたし」が運転手で、彼は「金持ちになる」だけが最善だと言い張っているけど、今すぐ右に曲がるよりも、もっと良い景色が未来には用意されているんだよね。簡単に言えば、「わたし」の判断よりも、人生の流れに「ゆだねる」方がいいんだ。

「わたし」の判断よりも、「人生の流れ」の方を信じる

BASHAR はい、そうです。「ゆだねる」ということは、「すべてはコントロール済みである」と理解することです。言葉の定義を正確に覚えてください。「ゆだねる」というと、皆さんの星では多くの人が「コントロールを放棄する」というふうに誤解していますが、そうではありません。「ゆだねる」とは、すでにコントロール済みのより良いものを、現実世界に現す行為です。

みつろう そうそう。副操縦士がパイロットにゆだねる、みたいな感じね。

BASHAR そう!、その通りです。

みつろう この「わたし」という副操縦士は、自分の願いこそが最善だと思って『現実』を

いつもコントロールしたがる。だからハンドルを離すのがめっちゃ怖い。

BASHAR そうですね。でも副操縦士には副操縦士の役割があります。パイロットの代わりに、ずっとフライトを担当するのが役割ではありません。通常は、副操縦士はときどき手伝うというような感じです。

みつろう でも、多くの人間は「自分が副操縦士」だという感覚すらないんだよ。「自分」が、目の前の『現実』をコントロールできている気になっている。

でも最近の脳科学の研究で、筋肉準備電位の発生メカニズムから「脳の指令よりも先に、肉体の筋肉が動く」ことがわかったんだ。簡単に言えば、「右手を動かそう！」という意思の後に右手が動いているんじゃなくて、先に右手が動いて、後に、「私が右手を動かした」と錯覚するのが脳の機能なんだ。

本当は、自分の右手ひとつさえ動かせてないんだから、人間には何かをコントロールする力なんてないんだよね（笑）。起こった出来事を「私がやった」と勘違いすることしかできないんだ。

BASHAR すべては、ただ起こっているのです。

みつろう まぁでも、人間である僕から言わせてもらえば、たとえ脳科学が何を発見しようと、「自分の意思で動けている」ようにしか思えないんだよね（笑）。だから、この「幻のコントロール権」を手放すことへの恐怖はハンパないよ。「わたし」の判断よりも、「人生の流れ」の方を信じるのは怖いんだ。「ゆだねる」より、自力で頑張らなきゃ！って思っちゃう。危険な副操縦士のパターン。

BASHAR そうですね。ほとんどの人がそのように思っています。そのため多くの人が機体を墜落させてしまうんです。飛行機の飛ばし方を知らないのに、パイロットから操縦桿《かん》を横取りするので、墜落して機体は燃え尽きてしまうのです。

感謝とは「わたし」よりも「人生の流れ」の方を信じる宣言

みつろう　じゃあ、どうやってパイロットに操縦桿を譲ればいいの？　って講演会とかでよく聞かれるんだけど、答えはとっても簡単。だって、「パイロットにゆだねる」方法こそ、「感謝」なのだから。「感謝」とは、目の前で起こっている『現実』のすべてを、素晴らしい！　と賞賛する行為だからね。「わたし（副操縦士）」よりも「起こること＝人生の流れ（パイロット）」の方を信頼する。そのトキ、何を見ても、何を聴いても、「ありがたいな」という波動しか湧いてこなくなる。「わたし」には今はわからなくても、目の前に起こるすべてはきっと良いこと。仏教ではサレンダー（明け渡し、聖なるあきらめ）って言うらしいよ。

郵 便 は が き

切手をお貼りください

106-8790
018

東京都港区西麻布3-24-17
広瀬ビル2F

株式会社
ヴォイス 出版事業部

1 0 6 8 7 9 0 0 1 8 10

情報誌「Innervoice」を1年間無料進呈!

「Innervoice」購読用の会員登録を □希望する □希望しない □登録済み

★「Innervoice」は当社からお客様への商品やセミナーなどの情報提供を目的としています。

お名前	フリガナ	男・女	会員番号
ご住所	〒□□□ー□□□□ ※会員登録を希望されない方は、住所欄を空白にしてください。		
TEL		FAX	
携帯等		email	
生年月日(西暦)	年 月 日	年齢	
お買上書籍名			
購入した書店名(○○市△△書店またはインターネットサイト名)			

※ご記入いただいた個人情報はこの他の目的には一切利用しません。

読者アンケート

◆読みたい本のご希望など、皆様の声を「編集部」に届けられます。

①本書をどこで知りましたか?

□書店店頭
□Innervoice
□雑誌の記事など
□友人から聞いて
□インターネット

②本書について

内　容……	□良い	□普通	□いまひとつ
デザイン……	□良い	□普通	□いまひとつ
本の大きさ……	□大きい	□普通	□小さい
価　格……	□妥当	□高い	□安い

③今後扱って欲しい本のジャンルはありますか?

④最近読んだ中で印象に残った本は?(他社含む)

⑤本書をお読みになってのご感想は?

※弊社WEBサイトなどでご紹介する場合があります。ペンネームのご記入がない場合は、都道府県と年代、性別を表示します。

ペンネーム[　　　　　　　　]

このハガキで本のご注文ができます。 ※ご注文には表面のご記入が必要です。※別途送料が必要です。

書名		冊
書名		冊
書名		冊

お支払方法:代引　送料:一律648円（税込）※一部、島部・郡部は1944円(税込)

※通常、お届けまで1週間前後かかります。

BASHAR　ただ、「わたし」に役割がないわけではありません。パイロットと協力をするのです。

みつろう　わっかる。「あきらめろ」って言うと、「じゃあお前は誰かに殴られそうになったらよけないんだな？」って聞いてくる人がいる。違う違う（笑）。「必死になってよける」も「悟ったふりしてよけない」も、その両方とも実は「わたし」が起こしていることじゃないの（笑）。
すべては、ただ「起こる」こと。それを見た脳が、その後に「私が起こしたんだ！」って錯覚しているだけ。だから「ゆだねる」と言うよりは、もうゆだねきれているという気づきが持てるかどうかだよね。バシャールが今言った、パイロットと「協力する」ってのも表現のひとつ。

BASHAR　そうです。ネガティブなエゴも、肉体のマインドも、ハイヤーマインドも。すべてがすでに連動して動いています。そこに「ワクワクする」という波動が発生するのです。肉体レベルのマインドと、ハイヤーマインドの向かう方向が一致した時に、ワクワクします。ですので、普段あなたが「わたし」と思っている肉体側

のマインドにおいて大切なことは、

①ワクワクを追求して、②能力を最大限使い、③結果には執着しない、という3つのステップです。忘れないでください。

みつろう これが、バシャール式の「現実を創造するための最善の方法」ということだよね？

BASHAR そうです。これこそが「ワクワク」というキットを活性化させる方程式なのです。

このキットには、あなたが人生で経験すべきことを経験するために必要なすべてのツールが入っています。あなたから見たら、必ずしも実現しそうにないものまで含まれていますが、それもあなたが経験すべきことなのです。

①まず、キットにあるこの3つを稼働させると、「ワクワク」はあなたに必要なすべてのサポートを必要な形で届けてくれます。

②そして「ワクワク」が、あなたの人生のエンジンになり、人生が非常に効率的に前に進みます。

③さらに、ワクワクは、あなたの人生の舵取りをするでしょう。シンクロニシティを通して、いつ何をしたら良いかがわかるようになります。

ヒントに気づきながらパズルを集める

みつろう

出た！　シンクロニシティ（共時性）って言葉。この言葉って難しいよね。シンクロニシティを簡単に言えば、「人生の流れ（パイロット）」をどれくらい信用できているかというバロメーターのこと。『現実』が与えるヒントのような。

例えば、ある男性が「カカオ豆」って言葉を最近よく耳にするなって思う。でも「カカオ豆」なんかよりも日々の生活の方が忙しいから、無視する。「わたし」にとってはもっと大事な、今日の仕事で頭はいっぱい。だけどやっぱりなんだか「カカオ豆」って単語をその後もよく目にする。すると、チョコレート会社への投資の話が出てきて、投資したら大儲けしたとする。この時に、「カカオ豆」

にシンクロニシティを感じたって表現したりする。

BASHAR 本来は、すべてがシンクロニシティで成り立っています。

みつろう 「人生の流れ」と「わたし」がどれほど調和しているか。

100%一致している人は、人生が楽だろうね。

だって、朝ハンマーを手渡されて、昼にクギをもらって、夕方に板を拾って、すると夜には家ができる。

当然だけど、朝いきなり「ハンマーあげるよ」って誰かに言われたら、「要らないよ」って断るよね。でもそれは、「わたし」の判断。「わたし」にはわからないからね、まさか「夜に家をつくる状況になる」なんて。

「わたし」よりも「起こる出来事」に身をゆだねることで、偶然のようにパズルのピースがいろんな場所から集まってきて、それらを集めていくとひとつの壮大な景色が完成する。

BASHAR そうです。

みつろう 夢が叶った時に、「これまでに起きたすべての出来事が夢の完成に必要だったのかぁ」と後から気づくことはよくあるけど、シンクロニシティってのは、ヒント・・・・・・・・・・・・・・に気づきながらパズルを集めている感じだよね。

BASHAR「全体」が「わたし」をサポートしてくれているようで、スムーズなんだ。
あなたを含めた全体がパズルの一部なのですが、「ワクワク」を信じて全体にゆだねるようになるとシンクロニシティがたくさん起こってきます。
そして、シンクロニシティを信じていると抵抗が非常に少ない人生になるので、努力が少なくてすむようになります。さらにそのスムーズな人生は、他のワクワクへの道も示してくれてそれらとあなたをつなげてくれます。

みつろう 難しい話になったけど、「ただワクワクを信じて、後はゆだねる」だけで楽チンなんだよね。

隠し持っている「怖れ」があなたを止めようとする

BASHAR ただし、この「ワクワク」という生き方を進めていくうちに、あなたの潜在意識や無意識の中で握りしめている「ワクワク」とは相いれないものが表へ出てくるようになります。

みつろう 『現実』に現れるんだよね。「わたし」が奥の方でまだ信じているネガティブな観念が。

絵を描くことに「ワクワク」する人が、それを信じて会社を辞める。

その際に、彼女の中にまだ「お金を稼がないとイケナイ」とか「楽しいことだけじゃなく努力しないとイケナイ」というネガティブな観念があると、『現実』に

BASHAR そういった出来事が起こるようになる。彼女が信じていることとだから。ワクワクを選択した際に、自分自身の「ワクワク」と相いれない観念をもう持っている必要はないので、『現実』という鏡が、あなたはまだ「これこれ」を持っていますよと教えてくれるのです。

みつろう ここからが、ループの罠。自分の中の怖れが『現実』に映っているだけなのに、それを見てまたもや「怯《おび》え」てしまったら、ずっとループを繰り返してワクワクの方向へは行けない。

画家になろうと飛び出して「お金がない状況」が起きたなら、「お金がなくても人生は楽しめるさ！」と新しい思考へシフトしないといけない。

鏡（現実）は先に笑わないから、鏡に何が映っていようと、鏡よりも先に笑う。

「お金がないことも良いことだ！」と。


BASHAR そうです。

これはいわば、『現実』という鏡を使った、要らないものチェックなのです。

それらを見つけて、ただ手放すことで、あなたの「ワクワク」はさらに大きくなっていきます。「ワクワク」のツールキット。これは、自動永続的、自動誘導的、自動拡大的、かつ完成されたシステムなので人生で大切なことを何ひとつ取りこぼすことなく体験できるのです。

みつろう パーフェクト過ぎるよね。「ワクワクすることの方を、選択する」。こんなにシンプルなのに、誰もできていない人生哲学。

BASHAR 完璧で完成されたキットです。これ以外は何も必要ありません。

みつろう 長年におけるバシャールのメッセージの中で、一番ぶれていないのはやっぱりこの部分？

BASHAR はい、そうです。

みつろう じゃあもう、学校の教科書も「ワクワクすることを、やれ！」だけ書いててほしいよね（笑）。1ページで終わり。2ページ目に、「解散！」。

BASHAR 補足ページが必要でしたね。

みつろう あぁ、そっか。

じゃあ3ページ目に、①ワクワクすることを選択した後には、②自分の閃《ひらめ》きや能力をフル活用して、③結果は「宇宙」に任せてあきらめろ、って書いておく。もう、2ページ目の「解散！」だけを読んで下校しちゃった生徒の未来も、あきらめる。

BASHAR 「未来」というモノは、本来の意味においてはありませんが。

みつろう そうだよね。じゃあ次は「未来」について話そうか。

「未来」がないとしたら、どうする？

今と次の瞬間に関連性はない

みつろう

占いが好きな人とかが「未来はどうなるんですか？」って聞くけど、決まりきった「タイムライン」なんてないと僕は思っている。

「○○」の次は「△△」になってその次に、「□□」になる。そのたどる順番があらかじめ決まっているという発想が「未来」や「タイムライン」だよね。

でも、毎瞬、「○○」や「□□」や「△△」のどれを観るかが選べるんだ。それが、量子力学が言う『観測』だよね。

「わたし」が今、目の前のすべてを瞬間的に構築しているんだから。今と、次の瞬間、に関連性なんてない。要するに、決まりきった未来なんてないんだ。

BASHAR いろいろな未来の可能性がありますが、今、現在の地点から未来のことを語る時、それは現時点の感覚をベースにして、一番確率の高い未来を感じているだけです。決まりきった「未来」はありません。

みつろう バシャールの今のその説明でも、「未来」が〝やって来る〟感じになっちゃうもんね。

「時間」のことは、言葉に表現するのが難しいよね。物理の世界でも、『時間（t）』はなくても方程式上まったく困らない。むしろ、『時間』があるかないかなんてどうでもいいってくらい、「時間」を無視して扱っているらしいよ（笑）。

BASHAR 『時間』とは、皆さんの次元で経験できる幻です。

みつろう でも、「時間なんてないよ！」って科学者にいくら言われても、人間には信じられないよね。

「時間なんてない」って言っている、今この瞬間にも、ほら、時間が流れているように感じるんだもん。さっき「時間なんてない」って言っていた自分が、「過去の世界」にいる気がする。「そこ（過去）」から「今」に時間が流れている感覚だよね。やっぱ、あるじゃん、時間（笑）。

BASHAR 皆さんがいる3次元の世界で『時間』を超えた経験をするのは難しいでしょう。ですので説明する際、私たちもケースによって「時間がある」という視点からの説明と、本来の「時間なんてない」という視点からの説明を使い分けることを許してください。

みつろう じゃないと、無理だよね。でも原理的にはこの「今という瞬間」と「次の瞬間」には、本来まったく関連性はなくてもいいはずだよね。

BASHAR （2つの瞬間の間にある）唯一の関連性は、あなたがつくった関連性だけです。その関連性は、あなたが探求したいテーマに沿ったものでしょう。それ以外の関連性はありませんし、つながりもありません。「瞬間」と「瞬間」の間に特定の意味が存在する必要がないという意味です。あなたが「こういう意味がある」と決めたのなら話は別ですが。ひとつの瞬間から次の瞬間へとたどる道には、無数の道があります。さらに言えば、ひとつの瞬間と別の瞬間は違う瞬間のように見えますが、実は、ひとつの瞬間を違う観点から見ているだけにすぎません。

みつろう

ほら、難しい（笑）。

今きっと、読者の７割が眠気に襲われたと思うよ。このままじゃ、集団下校が起こるよ（笑）。

「決まった未来がある」って思っている人は、「今の瞬間」と「次の瞬間」の間を自分が旅している気になっていると思うんだ。

でも、「瞬間」の間を行き来している人なんていないよね。お前はタイムトラベラーかよ！　みたいな？

「わたし」がいる場所がいつだって常に、「今」になるんだからね。過去だって、今に起こっている現象だし。

だって「昔が在った」っていう記憶が今起こっているだけ。

さらに、「未来が来る」って期待も、脳内で今起こっている。

ずーっと私は、「今」にい続ける。だから、「この瞬間」から「次の瞬間」を移動し続ける人なんてよーく考えたら、いないよね（笑）。

BASHAR そうですね。それは幻想です。

実際には、瞬間の方が「あなた」を通過しているのです。

あなたの意識の中を、です。動きというのは幻想です。誰もどこにも行きません。

人は今、この瞬間にしかいないのです。

ただし、「動き」は幻想ですが、「動いた」という経験はリアルです。

占い師の口を動かしているのは「わたし」

みつろう それでも人間は、未来というものに対して、何かまだ決まりきったものがあると思ってしまう。来年○○が起こる、再来年△△が起こるって。運命？　みたいな。たどる順番。

BASHAR それは違います。人生で体験する事柄は、大まかに言えば決まっていますが、それをどのように体験していくかは決まっておらず、個人の自由意思次第です。

みつろう なるほど。でも、やっぱり99％の人が、「今」と「次の瞬間」がまったく関係のない観測であるってことを、知らない。

BASHAR はい。だからこそ、私たちはそのことを教えようとしているのです。

みつろう この、「決まった未来があるはずだ！」と信じる思いから、今でも世間では占いとかがあるわけで。

「あなたは、来年結婚するでしょう」とか。

「3年後の日本では教科書の改定により集団下校が起こるでしょう」とか。

もちろん、占いが悪いとは言ってないよ。

BASHAR ええ、悪くありません。

みつろう 占いというのは、自分自身がその未来を他人に言わせることで、「そこに行きたい！」という意思を再確認する行為だと僕は思っている。

まどろっこしいやり方で、自分を説得しているわけだ（笑）。「〇〇」になりたい、ってね。

占い師の口を「わたし」が使って、「ほらね！『わたし』はその未来に行くよ！」と自分に言い聞かせているみたいな。人間はみんな、〝腹話術師のいっこく堂〟なんだ。

他人の口を動かしているのは、「わたし」だから。

BASHAR 彼らが占い師のところで聞いているのは、「現在のこと」です。その占い師が、あなたのエネルギーを正確に読むことができているなら、伝える内容は、その人のそのときのエネルギーなので、「今のまま何も変わらなければこういうことになるでしょう」という情報になります。

しかし、未来について占い師に教えてもらったことで、エネルギーが変わり、その情報がすでに古いものになってしまう可能性もあります。占いが、占いの結果を変えることになるのです。

みつろう だから僕はよく、「未来」について質問されたら、占い師のモノマネをして、「占い師に良いことを言われたら、その未来は絶対に来るでしょう。占い師に悪いことを言われたなら、その未来は絶対に来ないでしょう。見えるみえーる、未来をあなた自身が選んでいる未来が、見えるみえーる」と茶化して励まします。

BASHAR 確かに「良い未来しか起こらない」と信じれば、よりポジティブな未来になる可能性はあります。

でも、本人の無意識の中に怖れをベースにした観念が潜んでいると、「良い占いだけを信じなさい」とみつろうさんに言われても、ネガティブな思い込みが強いせいで、ポジティブな現実を構築できないという可能性もあります。

みつろう そうだね。どれだけポジティブに励ましても、ネガティブな人はネガティブに捉えるだろうからね。

BASHAR ですので、「いつでもポジティブな状態でいられるのなら、どんな内容の未来が来ても、そこから何らかの利益、良いものを得ることができますよ」と言ってあげたほうが正確です。

みつろう まじめかっ（笑）。さっきのは、ただのギャグだから。占い師のモノマネをした。地球のギャグが、ちょっと高等すぎて伝わらなかったかな？

ヒマワリから抽出したエキスが放射能を打ち消す

みつろう　じゃあ、「未来は、決まっていない」という共通の認識を得た上で、楽しい質問をするね。バシャールたちから見て、地球の未来はどうなるの？（笑）

BASHAR　聞いた人たちが行動に移す用意があるのであれば「こういう未来がありえます・・・・よ」という可能性の話はできます。でも、それは「こういうふうになる」という絶対的な話ではありません。

みつろう　もちろんさ。だって未来は決まってないもんね。でも、なんだかんだ言って、好きなんだよねー。「未来はこうなる！」って予測が（笑）。

例えば、僕は日本から来たので、日本の未来を教えてよ。今はフクシマの問題とか、みんな気になってるかも。

BASHAR フクシマの出来事は、危険を伴わないエネルギー開発のきっかけになるチャンスです。

日本の人たちがお金や多くの人材を投入し、集中して行動すれば日本は環境を汚染しないフリーエネルギーを10年以内に使い始めることができるでしょう。

しかし、フクシマの出来事をチャンスにしないのであれば、そうはならないでしょう。

つまり、あなたたちが選択しなければなりません。

みつろう 起こった出来事はすべて、「チャンス」と捉える。偉人や成功者に共通する思考だよね。

BASHAR そうです。フクシマの件は、今後、危険でない代替エネルギーの開発につながるポジティブなチャンスでもあります、ヒマワリから抽出したエキスが放射能を打ち消す効果があるので、そこを探求しても良いでしょう。

みつろう お！　具体的なアドバイスじゃん！　ヒマワリ？　それはもう誰かが研究しているのかな？

BASHAR まだです。

みつろう でも、きっとそれをやれる人がいるんだね？

BASHAR もちろんです。

みつろう ワクワクするね。ひょっとすると、この本を読んでいる人かもしれないもんね。またはとっとこハム太郎かもよ！

BASHAR じゃあ、さっき出たフリーエネルギー開発の方も誰かが着手するんだね？

すでに一部で、そういう研究が行われていますが、より多くの人材と資材を投入して公的なプロジェクトにすれば、もっと早い時間に開発できます。

みつろう 公的かぁ。政府を巻き込んでのフリーエネルギーの開発は難しいだろうなぁ。100兆円を超えるマーケットだから、利害関係者がびっしりだもんね。誰もその利権を手放したくないからなぁ。

BASHAR 難しいと思えば、難しい現実を構築します。

みつろう だよね。未来は観測者である「わたし」が信じた通りに映るんだもんね。よし。できるできーる、私にはできーる。

BASHAR 今のも、ギャグですか？

みつろう いいえ、違います！ ギャグってのは、笑いが起こるもののことですから！ ほら、今シーンとなってるでしょこの部屋。それを証拠として、さっきのはギャグじゃなくて、お経です。お経。

BASHAR ちなみに明るいニュースもあって、つい先日インドの財団がフリーエネルギー装置を実際に売りに出したらしい。それは、バシャールから見ていいもの？

みつろう そうですね。ただし、そういう例はまだ少ないので、そういうアイディアをもっと広げると良いと思います。

BASHAR できれば、具体的にタイムラインに落とし込んでみて。フリーエネルギーの今後の予測。

みつろう 皆さん全体のエネルギーを読むと、どんなに遅くても2050年です。

もしくは、それより早い可能性もあります。それは、どれだけの人がフリーエネルギーの開発に関わるか、にかかっています。どれだけの人材とエネルギーがつぎ込まれるかにもよります。

ですから、そのことを早くしたいのか、遅くてもいいのか、ということに関しては、地球上の皆さんが考えなければならない問題です。

この課題に対する答えは、皆さん自身が見つけてください。

もちろん、ぜひ、「やること」をお勧めします。

みつろう　以前の会社がエネルギーの会社だったんで「現実的」な面にばかりフォーカスが行って難しく感じちゃうけど……。でも、人間は100年前は空も飛んでなかったわけだし、たった5年前の人がこのスマートフォンを見たら腰を抜かすだろうしね。「難しい」と思わなかった人たちが、今日という未来を創り上げてきたんだ。

BASHAR　先ほどもお話しした通り、現実とは、信じた通りに見えるただの鏡です。ネガティブに捉えることもできますし、チャレンジする機会だと捉えることも可能です。

★Keyword「これからの社会とフリーエネルギー」

(A)バシャールは、今後の未来について、テクノロジーとフリーエネルギーのシステムの発展が世界を次のように変えていくと述べている。

「皆さんの時間で10年後には、インターネットがアップグレードされます。今、研究が進んでいる「クォンタム・コンピュータ（量子コンピュータ）」にアップグレードされるのです。

また、それからおそらく5年後、長くても10年後には、新しいフリーエネルギー・システムができるでしょう。この2つのシステムが可能になれば（2033年〜2050年頃）、多くの分野において大きな変化が起きてくるはずです。

フリーエネルギーを使って、誰もが自分の欲しいものを何でもつくれるようになるので、クリエイティブなアイディアを出すほどに社会に貢献できるようになり、これが新しい経済の基盤になっていきます。」

〈『未来は、えらべる！』バシャール、本田健著〉

(B)また、将来的に実現化するであろう具体的なフリーエネルギーについては、以下のものがあると述べている。

①太陽エネルギー（ソーラーエネルギー）技術の進化。太陽光だけでなく、熱利用でエネルギーを生み出す「ソーラーステーション」と、太陽光発電を効率的に行う「ソーラーパネル」のアイディア。将来的には、「ソーラーファーム」と呼ばれる太陽光発電の発電所ができ、大量の電力が供給される。

②NASAによって実験されている方法として、人工衛星をある特定の方法で使うことによってエネルギーを生成するアイディア。いわば、地球の軌道を運航する人工衛星に、何マイルにも及ぶ長い延長ワイヤーのようなものをつけてそれによって発電するもの。

③ある周波数の電磁場をつくり、もうひとつ同じものをつくって、そのエネルギー同士がある角度で交差したとき、そこに新しい無限の第3のエネルギーが生まれるというもの。

④ゼロ・ポイント・エネルギー、いわゆる、真空にアクセスするというアイディア。管（空洞）をゼロ・ポイント・エネルギーを引き寄せるアンテナとして、そこに電気的エネルギーを加えて振動・増幅させるとエネルギーが空洞管の中を通って集まってくるというもの。

〈『バシャール　スドウゲンキ』須藤元気、ダリル・アンカ著〉

2016年秋に起きる地球の大きな変化について

みつろう　ちなみに、「2016年の秋頃から、地球に大きな変化が起こる」とバシャールが話しているって記事を読んだんだけど、何が起こるの？

BASHAR　それを話すことは、許されていません。

みつろう　なるほど。そう来たか。それはポジティブな変化だよね？

BASHAR　それもお伝えできません。ポジティブな変化かどうかは、一人ひとりがその変化をどんな状態で体験するかによります。
ポジティブかネガティブかがすぐにわかる変化もあれば、すぐにはわからないものもあります。

最近の交信において、この変化について少し詳しくお伝えしましたが、それ以上は、今はお伝えできません。

その交信は「13ヶ月のカウントダウン（Thirteen months and counting）」というタイトルがついています。それ以上の詳しい話はできません。

★Keyword「13ヶ月のカウントダウン（Thirteen months and counting)」

バシャールは、アメリカにおける公開セッションで「2016年秋をきっかけに、すべてが変わる」と語っている。

「13ヶ月のカウントダウン」とは、2015年9月から始まって、2016年9月までの13ヶ月間のカウントダウンのこと。という意味が込められているらしい。

ここ数年の短い期間で、地球のエネルギーの加速化が進み、それと同時に自分が選択しているエネルギーの中で物事が実現化するスピードも加速していく。その著しいエネルギー、周波数の変化をもとにバシャールは、予測を読み取っているという。

その変化が集約される2016年の秋に起こる大シフトとは、2016年以降、数年間に起きる出来事の種まきがされる時期であるとしている。

私たちにとって、その変化はすぐにわかるものと、長い時をかけてわかるものとがあるようだ。どちらにしても、後で振り返ったときに、その変化が2016年秋から起きたことがわかるだろう。と語っている。そして、その時期を迎えるためにも、今から〝自分自身であること〟つまり本当の自分でいることが必要と述べている。

ちなみに、バシャールはアメリカにおける近年の公開セッションにて、近未来の地球に起こりうる可能性のある出来事を次のように述べている。これらの変化は、人類の意識の覚醒のために必要な出来事として起きると語っている。

①経済・金融情勢の状況が大幅に変わることにより、政治システムに劇的な変革が行われる。
②フリーエネルギーの開発が急速に進む。
③アトランティス文明が存在したことが明らかになり、失われていた記録の発見とともにアトランティスの叡智がよみがえる。
④地球外生命体とのファーストコンタクトが始まる。
⑤海面が15メートルまで上昇し、海岸線では海に沈む地域が出てくる。

みつろう　できないというのは誰かが止めているの？

BASHAR　その理由も伝えることを許されていません。

みつろう　わーお。

BASHAR　「そのことについて話してはいけない」とお答えしているときは、本当に、そのことについて話すことはできないのです。
それは何かのプロセスがすでに始まっていて、私たちがその話をすると、そのプロセスが変わる可能性があるからです。プロセスの介入をしてはいけない、ということです。

みつろう　じゃあ、日付だけでも教えて。２０１６年の9月22日の秋分の日がシフトの日？

BASHAR　それについても、お話しできません。

みつろう　えー？　さっきまでベラベラ喋《しゃべ》っていたのに、なんだよこれ。
じゃ、２０１６年の秋というのは決まってるのね？

BASHAR　はい。２０１６年の秋がシフトにおいて、非常に重要な節目になります。
今、我々に話すことを許されているのは、そこまでです。

このシフトにつながるような出来事が、この地球上ですでに出てきています。そのうちのひとつが、火星に水があったという話です。

みつろう おぉ！惑星の話なの？　なんか、ワクワクしてきたよ。

BASHAR 水の発見がさらに新しい発見につながりますが、それ以上はお伝えできません。

みつろう いや、もう充分です。なんか、わかったかも！

BASHAR 私たちが言っていることを、理解したつもりになってはいけません。

みつろう ダメなんかい（笑）。じゃ、予想も捨てて、ただ楽しみにしとくよ。

BASHAR ただ、あなたに起きるシンクロニシティを信頼してください。

みつろう 僕個人じゃなくて、そこは全部の地球人でいいんだよね？

BASHAR はい、そうです。

みつろう 地球が今、そういうエネルギーなんだね？

BASHAR 私たちは、それについてお話しすることは許されていないのです。

みつろう もう！　じゃ、話せない「話」よりも、話せる「話」にしようか（笑）。

BASHAR はい。でももうすでに、私たちは「話せること」しか話していませんが。

許されていないこともたくさんあって、何が許されていないかということすら言うことが許されていません。ですから、私たちが話していることはすべてが許されていることになります。

こんなにミステリアスな私たちを許してください。

でも、そういうものなのです（笑）。

みつろう　その方が楽しいよ。わからないことって、ワクワクするんだもん。

決まりきった未来も、わかりきった未来も要らないよ。

今、僕は目の前に「わからない」地平線が広がっていてほしいもの。

BASHAR　そう、だからこそこのようにしています。

私たちはこのようなやり方で、皆さんの意識の中に精妙な変化を起こしているのです。

好奇心を引っ張っているのです。見るべきタイミングで、見るべきものを見られるように、皆さんの意識を調整して、よりよい形になるようにしています。

みつろう　すごいね、そんな計算もしているんだ。

BASHAR それだけではありません。今交わしている会話の中でも、言葉や単語をこえた情報もたくさん届けられていますし、あなたたちはそれを受け取っています。そしてその情報は、しかるべき時間とタイミングでわかるようになります。

みつろう 時空を超えて、仕掛けられた時限爆弾みたいだね。今はわからなくても、会話を超えて、未来に仕掛けられたんだ。

BASHAR そうです。みつろうさん、もしこのトピックスに関して他に聞きたいことがなければ、今日はこの対話をここでストップし、明日の皆さんの時間における「今」でまたお会いしましょう。

みつろう 了解、バシャール。とても楽しい話をたくさんきかせてくれて、ありがとう。ゆっくり休んで。また明日ね。

バシャールとの対話は、3日間、2時間ずつに分けて行われた。1日にこの許容時間を超えると、オーバーエネルギーでショートするらしい。

DAY1の対話で、「現実は私が100％創り上げている」「未来は決まっていない」「今、ワクワクすることを追う」という基本的な共通認識を構築できたこともあり、DAY2からはさらに奥深い分野へと進むことができた。

その内容は、人類の科学や叡智を超えているため、色眼鏡で見られてしまう可能性もあるけれど……。

DAY 2
2015.10.22

人類の驚くべき起源

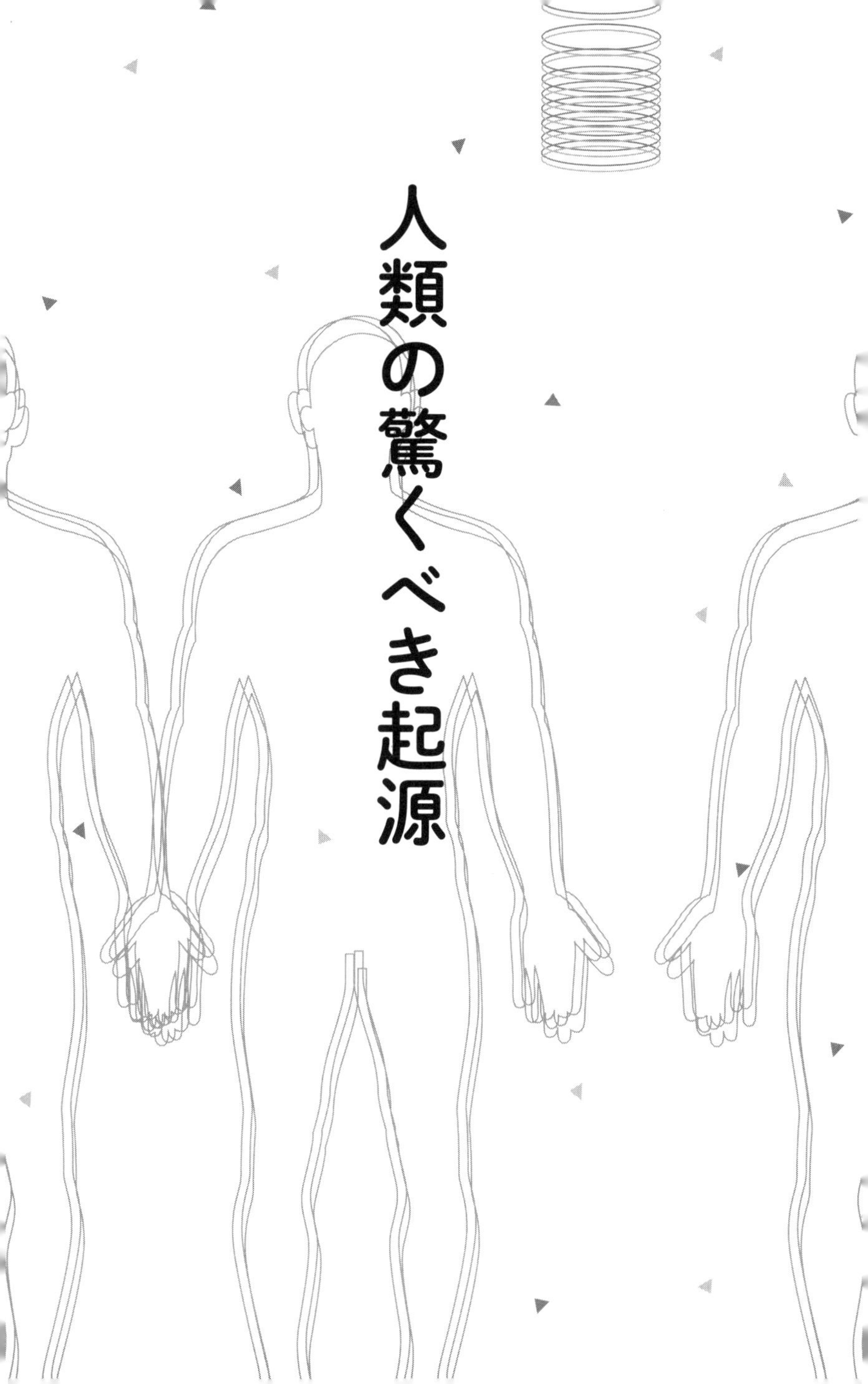

あるひとつの偶然

BASHAR こんにちは。ご機嫌はいかがですか?

みつろう I'm fine. Thank you.

BASHAR では、ご自分の好きなようにはじめてください。

みつろう バシャールには、昨日の記憶は連続したものとしてあるの?

BASHAR 私たちにとっては、それは昨日ではなくて一瞬前のことです。

みつろう 人間の僕らにとっては昨日のことだから、もう忘れかけてるよ(笑)。

BASHAR はい。

みつろう じゃあ、昨日は「未来」について話したから、今日は……。

BASHAR （さえぎるように）あれ？　昨日のことは、覚えていないと言いませんでしたか？

みつろう おっかしいなぁ。覚えてたみたい（笑）。昨日は「未来」について話したから、今日は、「過去」について話そうかな。

あ！そうだ、過去といえば、昨日の対話後にホテルの部屋に帰って僕のブログでバシャールのことを書いたら、読者がとても素敵なことを教えてくれたんだ。

昨日、僕が初めてバシャールと会話した日付『2015・10・21PM4』は、映画バックトゥーザフューチャーで、主人公がタイムマシーンの目的地として設定した日時とピッタリ一致するんだって！　すごいよね。30年以上前の映画だよ？

その映画の中に、『2015・10・21PM4』って数字が出ていたなんて！　しかも、そのタイムマシーンは、ロサンゼルスを目的地に設定してたんだって！

こんな偶然って、ある⁇

BASHAR 昨日から何度もお話ししている通り、目の前の『現実』に偶然などないのです。すべてをその人自身が創り上げているのですから。

みつろう

こっちだって昨日から何度もお話ししている通り、人間の目には「わかっちゃいるけど信じられない」くらい奇跡的に映るんだってば！

①30年前の映画で、未来という目的地の数値をタイムマシーンデロリアン号に入力しました。

②その数値は、『2015年10月21日PM4 in LA』でした。

③偶然まったく同じ座標に、昨日「さとうみつろう」氏も到着しました。

なんだよこれ。ピッタリと少しのズレもなく、その設定した数値通りに、『未来』の『LA』でバシャールとの会話が昨日始まったんだよ？　鳥肌立ったわい。もう30年前に決まっていたのかな、未来のバシャールに、会いに来ることがさ。まるでそれを認識するために、自分自身で映画『バックトゥーザフューチャー』を創って、少年の頃の自分にヒントを与えていた感じだよ。

未来の僕から、過去の6歳の僕へ向けたヒント映画。「この謎が、わっかるかなぁ？」みたいな。わかるかっ！　小学生にレベル、高すぎるわ。大きくなったらロサンゼルスに行くなんて、小学生には想像できない未来だよね。まさしくこれが、「わたし」には想像できない、素敵な未来だね。

BASHAR 奇跡というのは気づけるか、気づけないかの違いだけで、あなたたちの周りにあふれているのです。そのヒントに気づけるか、どうかです。

みつろう だよね。小学生の僕が、映画の中の「2015・10・21PM4」というヒントに気づけなかったように、きっと今だって僕らの身のまわりにはヒントがいっぱい隠れているんだろうね。なんか、そう思うだけで、人生がワクワクしてくるよね。これを読んでる読者もさぁ、今、少しだけ本を横に置いて、身のまわりにヒントを探すと楽しいかもね。

よし、じゃあ素敵な「未来」にいる今日は、「過去」の話をしようか。

BASHAR 未来も過去も本当は存在していませんが、どうぞ。

みつろう 昔といっても、大昔のことだよ？

BASHAR 同じことです。その大昔も現在なのです。

古代もパラレル・リアリティのひとつで、それは今に存在しています。

人類をつくったアヌンナキについて

みつろう バシャールは、メソポタミア文明のシュメール人の神話に登場する「アヌンナキ」という存在が、私たち人間をつくったって言ってるけど、そこを詳しく教えて。

BASHAR アヌンナキが、ホモ・サピエンスという種族が発達するような遺伝子を人類のDNAに入れたのです。

みつろう それは何年前？

BASHAR だいたい、50万年から30万年前です。

みつろう その頃、地球にはすでに猿人類はいたの？

BASHAR ホモ・エレクトスやホモ・ハビリスという存在ですね。サルではありませんが。

みつろう 日本ではアマテラスという名前の神がいてさ、彼が人間の「育ての親」として宇宙から降りてきた、というビジョンが僕の中にあるんだけど。

BASHAR そうです。多くの文明において、アヌンナキは人々を指導するために天から降りてきています。

これは、皆さんの惑星のあちこちで起きています。

そして、人類がさまざまな地域に分散して分かれていくと、アヌンナキたちも人類に一緒についていく必要がありました。

アヌンナキたちは、地上に多くのステーションをつくり、そこに人類を送り込みました。

彼らは、ときどき母船に戻ったり、また降りてきたりということをしたので、いろいろな国において神が地上から天に戻ったり、また降りてきたという伝説が残っています。

みつろう おっと。サラッと「母船」って言っちゃたけど、要するに神話に登場する「神々」

BASHAR というのは、地球の外からやって来たと？
皆さんの星において、「国や地域を超えて共通性を持った神話が残っている」のはそういった理由からです。神が地上から天に戻ったり、また降りてきたりという神話。
それらは、アヌンナキや他の地球外生命体が地上に降りてきたことを伝えています。

みつろう ワオ。科学者もビックリだね。ダーウィンなんて腰抜かしちゃってるんじゃない？

BASHAR あなたは、地球外生命体が人類の起源であると知っているのに、どうしてそのような表現をするのですか？

みつろう 茶化しているのがバレてる（笑）。
なんか、恥ずかしいんだよね。真面目な顔をして、「宇宙人が僕らをつくったんだ！」なんて言うのって。

BASHAR 自分自身のルーツを知りたくないという「怖れ」を根底とした間違った情報の教

育を受けていますので、この星の皆さんがそうなるのは当然です。

みつろう まぁでも、最近では「人類の起源は地球の外である」という学説はかなり根拠を持ってメインストリーム（学会の主流）になりつつあるんだけどさ。

例えば、水の起源は地球に衝突した小惑星であるという証拠が見つかったり、または生物学者は、「人間だけがこの地球の生態系の中であきらかに異質な〝存在〟だ」ということに気づいている。

馬は生まれた瞬間に立って自立して歩くけど、人間の赤ちゃんは1年以上自立できない。

こんな過保護な種別が、厳しい生態系の中で生き残れるはずがないんだって（笑）。

BASHAR 古代における地球外生命体とのコンタクトが実際に起きていなければ、今日、地球では宗教というものも存在していません。

宗教の始まりは、古代宇宙人を神として祀ったところから始まっているのです。

みつろう なるほどね。神話の「神」とは古代に地球へ来た宇宙人のことなんだね。

僕は日本の沖縄から来たんだけど、沖縄には伊勢よりも古い「古代アマテラス」の信仰がある。それもアヌンナキのことなの？　それとも、アヌンナキとは別のアマテラスという宇宙人がいたの？

★ Keyword 「アヌンナキ」

アヌンナキ（Anunnaki）は、古代メソポタミア文明の時代のシュメールおよびアッカドの神話に関係する神々の集団であり、「天から降り立った人々」を意味する言葉といわれている。

バシャールによると、アヌンナキは、今から50～30万年前、「ホモ・エレクトゥス」、「ホモ・ハビリス」というヒト科がいた時代に地球にやって来て、人類の祖先の遺伝子を変えることによって「ホモ・サピエンス」をつくったという。つまり、地球外生命体アヌンナキとのハイブリッドが今の人類の起源ということになる。

アヌンナキが地球へ来た目的は、彼等の星の環境を調整するため、また、金を採掘するためにやってきたとのこと。アヌンナキは、そのための労働者として地球にいた人類の祖先に遺伝子を加えて、自分たちと似た存在をつくる必要があった。

シュメールの古文書を研究していた考古学者であるセガリア・シッチンも同じ説を唱えている。

アマテラスは空から地球にやってきた

BASHAR アマテラスとは、「空からやってきたもの」ということを意味する古代のフレーズです。

みつろう 実は僕も「ア・マ・テ・ラ・ス」という響きが大事だと思っている。

「音」は口伝で伝承されるから、何千年も変わらずに伝わる。

「文字」は改変されちゃうけどさ。「ア・マ・テ・ラ・ス」。

これは、アヌンナキとは別の存在なの？

BASHAR もう一度言いますが、アマテラスとは「空から来たもの」を意味する響きです。
ですので、アマテラスは、アヌンナキだったかもしれないし、他の地球外生命体のミックスだったかもしれません。

みつろう 伝承によると、「太陽の神さま」ということになってるけど。

BASHAR それは、宇宙船がやってきたときに、まぶしい光線を放ったので、それが太陽光線だと思われたわけです。

みつろう 沖縄にはユタと呼ばれる、いわゆる第六感が発達している人たちがいて、彼女たちによると、太陽はアマテラス、地球はスサノオウ、月にはツクヨミという風にそれぞれの惑星と関連付けてビジョンを得ているようだけど？

BASHAR それも、地球外生命体が月や太陽、地球を象徴しているように感じられただけです。

言い換えると、太陽は他の存在より上に見えた地球外生命体を表し、その他の地球外生命体は、地球や月を司っている存在のように見えたということです。例を挙げましょう。

例えば、あなたが千年前の人間だとしましょう。

そして、ヘリコプターなどに乗って、彼らの目の前に降りてくるとします。

そうすると彼らは、「あなたは、空の神様？」と尋ねるでしょう。

そして、空とあなたを関連づけるのです。

もし、海の底から潜水艦で上がってきたのなら、「あなたは、海の神様？」という風に尋ねるはずです。わかりますか？

みつろう　そうだよね。ギャグを言いながら出てきたら、「お笑いの神さまですね？」って言われちゃうもんね。そういうことでしょ？

BASHAR　……。

みつろう　関連付けて、覚えられたってことだよねポイントは。オッケー。この変な空気を気にしないで、続けていいよバシャール。

太陽は生命体として生きている

BASHAR 古代の地球に来ていた地球外生命体や、月の管理をしていた地球外生命体が、それぞれ地球や月と関連づけられたり、あるいは、まぶしい光を伴って空からやって来た存在を、古代人たちは太陽と関連づけたのです。
つまり、「ユタ」と呼ばれる人たちは、古代人たちが地球外生命体を関連づけたものの情報を読んでいるのです。

みつろう あぁ、ちょっと今納得できた。感応者（第六感が優れている人）は古代人の思念を読んでいたのか。じゃあ古代人が「太陽！」って強く想ったら、太陽の神というビジョンを観ちゃうんだ。でもさぁ、実際に太陽には何か生命体はいないの？

BASHAR 皆さんの次元にはいませんが、別の次元では、太陽そのものが生命体です。生きています。

別の次元では、地球人ができないやりとりを太陽とできる次元があります。

同じように、ブラックホールに関与できる文明があるのも私たちは知っています。

ただ、彼らは皆さんのような肉体は持っていません。

彼らの身体は、まったく違う次元の素材でできています。

みつろう だよね。同じ素材だったら、燃え尽きちゃうもんね。生物学者が発見している、熱水鉱床や永久凍土といった極限の環境で見つかる微生物は、身体の組成そのものが違うもんね。

BASHAR それらとも、さらに次元が違う素材でできています。

みつろう OK。じゃ、さっき言ったアヌンナキとは別に、アマテラスという地球外生命体が降りてきて、人間をつくったという可能性はあるの？　アヌンナキだけが人間を創造した一派じゃなくて、アマテラスという派閥？　も創造したという考え方はあり？

BASHAR アマテラスはアヌンナキと違って、どちらかというと人間たちに教えたり導いたりする存在です。

みつろう すごい！ 沖縄の伝承と同じだ。

人類の「育ての親」がアマテラスで、「産みの親」は他にいるんだ。

その神社の伝承は不思議で、アマテラスが父の龍神と母の龍神を宇宙から連れて降りてくる。そして、その2人の交配から人類が生まれて行くんだけど、よーく考えたら、別に「アマテラス」が降りてくる必要あるの？ って思ってたの。

おせっかいいな、お姑か？ みたいな。なるほど、「育ての親」の役割ね。

さらに、その伝承が伝えるには、おせっかいなアマテラスは3回降りてきているんだけど。数百万年ごとに。

BASHAR 違います。それは時間の概念を誤解しています。数百万年ではありません。
例をあげて説明させてください。例えば、皆さんから見ると、私たちの文明は300年ぐらい未来のように見えるでしょう。

みつろう　300年⁉　意外と近いね？

BASHAR　私たちがいる現実の波動は、地球上より10倍速いのです。ということは、皆さんにとっては実際には3千年ぐらい先にあるのと同じことになります。つまり、本当は数千年しか離れていないとしても、皆さんからすると、相手の波動が速いので数百万年離れているように思えたのです。あなたたちは、波動の速さを「時間」として解釈するからです。しかし、実際にはそれほどの時間は経っていません。アマテラスの初回と2回目の地上着陸の間隔は、地上時間でいうと1万年です。

みつろう　うわー、めっちゃ具体的！　じゃあ3回目は？

BASHAR　同じ1万年後です。アマテラスにとっては、「1万年」が特別なポータル（玄関口）を通って地上に降りてきやすい自然なサイクルなのです。

みつろう　惑星の公転周期みたいな感じなんだね。僕らの太陽系は、銀河を2万6千年かけて1公転する。そんな感じの、「ちょうど良い周期」が1万年だったのか。

BASHAR　はい、そうです。

アマテラスが人類にもたらした遺伝子とは

みつろう

ちなみに、アマテラスが宇宙からもたらした二体のDNA遺伝子が、その土地の人と交配されて広がって行ったという伝承は、シュメール人の神話と同じなんだけど、沖縄の伝承には少し違う部分もある。

アマテラスが降りてきて遺伝子を操作したことで、それまではハラ（腸）だけで生きていた人間が脳でも行動するようになった。要するに「悪知恵」を手に入れたみたいな。

ハラと脳を、脊椎がつないだんだ。脳幹から脊椎の姿ってドラゴンに似てるでしょ？

BASHAR アマテラスがそのようなことをしたのは、アヌンナキが人間をつくったあとです。

いろいろな交配が進んで、今の人間にはさまざまな地球外遺伝子が入っています。

アマテラスという名前は、時代と共に変わったかもしれませんが、古い言語とのつながりを見つけることができます。

何度も言っている通り、「空から降りてきたもの」。地上の古い言語のひとつで地球は「テラ」ですね。

そして、「ア」は「何々から」という意味。「マ」は空ですから「空から」。

そして、「ス」は「やってきた」という意味です。

総合すると、「空から地球にやってきた」「ア・マ・テラ・ス」。わかりますか?

みつろう とにかく、アマテラスはドラゴンを連れてきたんだよね?

BASHAR そのストーリーも、少し解釈が違いますね。もたらされた遺伝子は、今、「レプティリアン（爬虫類型の宇宙人）」と呼ばれている遺伝子です。

レプティリアンが、いわゆるドラゴンのことです。その遺伝子を一部の人間に入れたのです。もちろん、全員にではありません。

そのとき人間には、すでに脳と脊椎がありましたが、レプティリアンの遺伝子が入ったことで脳と脊髄に新しいエネルギーが入り、それまでの体験とは少し違う体験を人類ができるようになったのです。

みつろう 新たなＤＮＡを手に入れたことで、脳と脊椎がパワーアップしたの？　仮面ライダーのバージョンアップみたいで、かっこいいね。

BASHAR このレプティリアンの遺伝子を受け取った人たちは、新しい遺伝子によって新たな知識、能力を得ました。

他の例で見てみると、キリスト教のエデンの園の神話をご存知ですか？

人類に知恵を与えたのは蛇、つまりドラゴンでしたね。また、医学のシンボルは何ですか？

交差する２匹の蛇は遺伝子、ＤＮＡの螺旋を表していますよね。

つまり、これらの神話は古代レプティリアンの遺伝子が人類にもたらされ、そのことで人類がある種の知識を得たという出来事を、違う形で表現しただけなのです。

みつろう ほんと、往来ができない海を隔てた別々の国に、なぜかまったく同じ神話が残っているのは不思議だよね。

BASHAR アヌンナキの中には、人類が新しい知識を持った方が良いと考えた者と、良くないと考えた者がいました。

それが、エデンの園の伝説で知恵を得た2人がエデンの園を追放されたというストーリーになったのです。

また、一部の地球外生命体はそうではなかったのですが、アヌンナキは、人類が賢くなることを望んでいませんでした。人類が賢くなってしまったら、アヌンナキと同等になってしまうと考えたからです。

そこでアヌンナキは、人類を世界のあちこちに点在させました。

そして、互いに連絡ができないようにし、教わったことを忘れるように仕向け、人類は再び一から独自の文化や言語を生みだし、違う文化・言語をつくりあげたので、コミュニケーションすることがさらに難しくなりました。

みつろう 言語が異なっちゃったら、コミュニケーションを取るのは難しいもんね。僕もさっきから、なぜかギャグが通じないのは言語のせいだと思ってるんだもん。え？

BASHAR アヌンナキたちは地球の各地に人類を点在させて、違う文化や言語が発展するように仕向けました。

けれども、今の人類は、地球上でお互いにコミュニケーションもとれるし、共通言語もあります。すると、古いＤＮＡマーカーの多くが再び活性化されて、昔のアヌンナキと似たような能力を持つ者も出てくるようになるのです。

DNAの交配で人類はさらに進化する

みつろう　なんか、かっこいいね、それ！　世界中に散らばったDNAのミッシングリンクを、統合して集めることで、新しい能力が発現する。神々が与えたジグゾーパズルみたい！
じゃあ、いろいろな異文化とDNAを交配するのは、いいことなんだね。例えば、僕の姉はアメリカ人と結婚したんだけど。

BASHAR　はい。DNAが混ざることによって、多様性、バラエティ性が出て能力も上がります。
また、より多くの遺伝子マーカーにアクセスできて、それを自分で活性化できます。

それは、交配することで、かつて分断されていたものがまた集積されるからです。

みつろう

これから数百年かけて地上にやってきた人類との交配が進むと、何千年もの間スイッチがオフになっていた、あるいは、分断されていたすべての遺伝子マーカーにアクセスできるようになり、皆さんは第6世代のハイブリッドになります。

ハイブリッドってなんか、ロボットみたいで嫌な響きだね（笑）。

まぁでも、いろんな物が混ざった状態を「ハイブリッド」って言うんだから、国や文化を超えてルーツの異なる遺伝子を混ぜ続けている人類は「ハイブリッド人間」って言えるのか。

このままＤＮＡが混合して行けば、地球での争いも減るんだろうね。だって、中国人の母と日本人の父を持つ子は、中国と日本の戦争を望まないんだから。自分の身体の中に、すべての血が混ざっていれば「国」という分断を超えることができる。「自国民だけが優れている」という考えが、戦争を生むんだよね。

ところで、さっき「レプティリアン」という言葉を使ってたけど、「ドラゴニアン」って言葉もバシャールは使うよね？　日本神話ではアマテラスの対極に「スサノオウ」がいるから、そっちがドラゴニアンなの？

BASHAR まず、レプティリアンとドラゴニアンは一部、とてもよく似ています。そして質問の答えですが、アマテラスがドラゴニアンの方です。

みつろう ああ、やっぱり。沖縄には龍の伝説が多いもんね。

BASHAR はい。ドラゴニアンの情報だけではありませんが。沖縄は、ドラゴンの遺伝子情報が最も高い割合でもたらされた地域のひとつです。同じことが現在の中国の一部にもあてはまります。

みつろう 人類には、ドラゴニアンとレプティリアン以外にも遺伝子が？

BASHAR その他に、シリウスやプレアデスのＤＮＡなどもあります。

みつろう オリオンは？

BASHAR オリオンの遺伝子はあるといえばあるのですが、皆さんに関係するのはオリオンのエネルギーパターンです。

地球上の多くの人が古代オリオンのエネルギーと深い関係があります。遺伝子そのものというよりは、オリオンのエネルギーの影響を受けた遺伝子パターンが残っているのです。

何千年も前からグレイ（異星人）とのハイブリッドのＤＮＡが人間の中には残っています。

第7世代ハイブリッドは、アヌンナキ以上の存在になる

みつろう　とにかく、たくさんの遺伝子があるんだね。地球の科学者が「どうして、まったく使われないジャンクDNAが9割もあるのか?」と悩んでいる理由かな。ドラゴニアン、レプティリアンにシリウス、プレアデス……、覚えられないよ。

BASHAR　皆さんはある意味、いろいろなDNAが混じっているのです。

だからこそ、第6世代のハイブリッドをつくるのに適しているのです。

第6世代のハイブリッドが誕生したら、すべての第6世代ハイブリッドと交配して、新しい第7世代ハイブリッドができるようになります。

その第7世代ハイブリッドは、すべてのハイブリッドの遺伝子が全部入った、新

しいユニークな存在になるでしょう。

みつろう プリウスみたいだね（笑）。

ハイブリッドにも、世代があるんだね。そして、すべての遺伝子の合流?が完了する第七世代ハイブリッドってのがすごい人間なのね。

BASHAR 人間に注入された遺伝子情報が第7世代のハイブリッドにおいて、全部揃うことになるのです。このすべてのDNAが揃った第7世代は、アヌンナキと同等か、もしくは、それ以上の存在になるでしょう。

彼らは、「ハイパーセピアン（セピアン＝賢い）」、あるいは「プロアヌー」と呼ばれるようになります。

ハイパーセピアンは、高い次元のセピアンで、プロアヌーはアヌンナキの新しい形態のようなものです。彼らを称して「ホモ・ギャラクティコス（銀河の人たち）」、というような人種ができるでしょう。

みつろう すごい予測だね。バシャールはエネルギー・スキャンを行ってこれらの情報を算出していると思うんだけど……。

BASHAR この会話をするためにも、四六時中スキャンしています。

みつろう じゃあ、僕の身体のDNAに関してもスキャンできるの？
僕は沖縄出身なので、ドラゴニアンが強いのかな？

BASHAR はい。

みつろう 何が何パーセントというふうには言えるの？

BASHAR そんなふうには言えません。
遺伝子は、何が何パーセントなどと明確に区切れるものではないからです。

みつろう そうなんだ。さっき、アマテラスがドラゴニアンって言っていたけど、僕の中にそのアマテラス系のDNAが強いから、いろんな場所で「アマテラス」って文字を見るのかなぁ。
ちなみに、アマテラスというのはどこかの星から来たってさっき言ってたけど、今でもいるの？

BASHAR あなたが思っているような形では地上にはいません。ただし、アマテラスのエネルギーの周波数はあります。そして、つながりもまだあります。

みつろう 3回降りてきたアマテラスの降臨地×3・昇天地×3の6箇所の聖地が沖縄にはある。

これが「周波数的なつながり」なんだろうね。

聖地と呼ばれるその場所に行けば、いい気分になるもん。

ちなみに、つながっているということは宇宙のどこかでまだ生きているのかな？

種族として。

BASHAR はい、そうです。

パワースポットへ行くと周波数が変わり、意識が拡大する

みつろう この聖地とは別にも、地球にはたくさんのパワースポットがある。バシャールの言葉では「ヴォルテックス」になるんだろうけど。それらの場所は、科学的に他の場所とはエネルギーの状態が違うんだ。例えば、地殻が隆起する場所には、火山ができる。それは、他とは違うエネルギーが集積するから、「山」になったわけで、「山」と「平野」は実際にエネルギーが異なる。

BASHAR そうです。実際にエネルギーが周囲とは異なる場所です。

みつろう 巨岩も、山も、砂漠も、実際に他とは違う地理的なエネルギーが働く場所だか

ら、周囲とは違う自然形成物ができ上がっている。沖縄ではそれらの、特異な地理的構造物を拝む風習がある。それが、パワースポットの始まりだ。で、そんなパワースポットに導かれるようにして僕はよく訪れるんだけど、それは、身体の中にあるDNAとそのパワースポットの間に磁力線が働いているからだと解釈してるんだ。

BASHAR そうです。波動が変わると、あなたも変わる。そのときどきによって何に惹かれるかというのは変わりますが、基本的には磁力のようなものが働いて惹かれるというのは正しいです。

みつろう そして、行くたびにすごく「運」が開けるような気がするんだよね。だから、さっき「使われていないジャンクDNA」の話をしたけど、パワースポットの特殊な磁場が体内のジャンクDNAをオンにしていると思っているのだけど。

BASHAR そうです。

みつろう やっぱそうか。僕はこれまでに、ものすごい数の聖地に遊びに行っているけども、行くだけでスッキリするよね。パワースポットって結局は、「自然の極み」のような場所だから、行って風景を見ているだけで、癒されると言うか……。僕は自然が大好きなんだけど、自然の景勝地だとかパワースポットに興味がない人もいる。その違いは、ＤＮＡの違いなどが関係しているの？

BASHAR ＤＮＡが違う可能性もありますし、その人の『観念』が違うということもあります。あるいは、その人の人生の道があなたの人生の道と違うのです。

みつろう このパワースポットを訪れるという行為は、ＤＮＡのスイッチをオンにする以外にも、物理的にこんな効果があるよ、みたいな説明はできる？

BASHAR パワースポットに行くと自分の周波数が変わります。するとそのことによって、それまで自分に見えなかったものが見えるようになったりします。より多くの次元や、意識が拡大するということです。

そして、地球のエネルギーと自分のエネルギーの調和がより進みます。このように、たくさんの効果があります。

みつろう だったら、僕だけじゃなくて誰もがみんなパワースポットを訪れた方がいいよね。

BASHAR それは人によります。パワースポットに魅力を感じている人は行くことをお勧めします。

みつろう なるほど、ワクワクしているんだったら行けばいいってことね。

BASHAR 覚えておいてください。ヴォルテックスでは何であれ、自分が持っているものが増大されます。

ネガティブな思いを持っていたら、それが増大される可能性もあります。

それがヴォルテックスというものの働きです。

惑星の動きとDNAの関係

みつろう なるほど。その本人が持っている観念や思い込み……、『現実』をつくり上げてるパワーの源泉とでも言うか、外へ放射するパワーを倍増させちゃうんだね。じゃあ ①良い気分で ②行きたくなった時に ③行きたいパワースポットへ行くのが一番だね。

ちなみに、惑星とDNAの関係についてなんだけど、ちょっと物理的な話になるけどいい？

BASHAR どうぞ。

みつろう 「*重力波（重力を発生するもとになる質量が運動することで発生する波。アインシュタインが理論的にその存在を提唱し、現在アメリカと日本がその観測を競っている)」というものについて。これは、電磁気力とは違って、無限遠点まで届くと言われている。

まぁ、簡単に言えば光とは違って、どこまでも届く波が「重力波」。

(註)この本の最終編集中(2016・2・11)にアメリカが重力波を観測と発表。

BASHAR はい。でも、違う次元に行けば、この次元で人間が体験する形では重力波を体験しません。

重力が一種の液体に換わる現実もあります。そこでは、「空(くう)」のかわりに液体重力が満たされています。

みつろう そんな、地球の学者たちがまだ理論提唱さえできてない話もポロっと言うんだね(笑)。

なんだよ、液体重力って、めっちゃ興味あるんだけど。

ちょっと「重力」の話は、あとでたっぷり詳しく聞くので、今は、地球の学者がわかっている範囲で話すと「重力波」ってのは、離れれば離れるほど小さくなる。で、小さくなるんだけど「永遠に届く」というのがポイントなんだ。何が言いたいかと言うと、どれほど遠くにある星の影響であろうとも、この地球上に届く。

BASHAR 物質次元においては、そのような表現が一番近いです。

みつろう 例えば、木星が今日少し動いた。で質量を持つ物体が動くと重力波が発生するってアインシュタインが言っている通り、その重力波は地球に届くんだ。メッチャ小さくね。で、そのサイズがちょうど、DNAの構成要素であるヌクレオチドを動かす。結論を言うと、星の動きは、ちょうどいいサイズとなって、DNAに影響を与える。だから、どんなに遠くの星でも、今日の「わたし」の機嫌や体調に影響を及ぼすって気づいた時、とても感動したんだよ。こんなに広い宇宙と一体感が生まれてさ。

占星術ってのを信じてないけど、物理的に星の動きは人間に影響を与えるんだ。

星の動きと DNA の関係

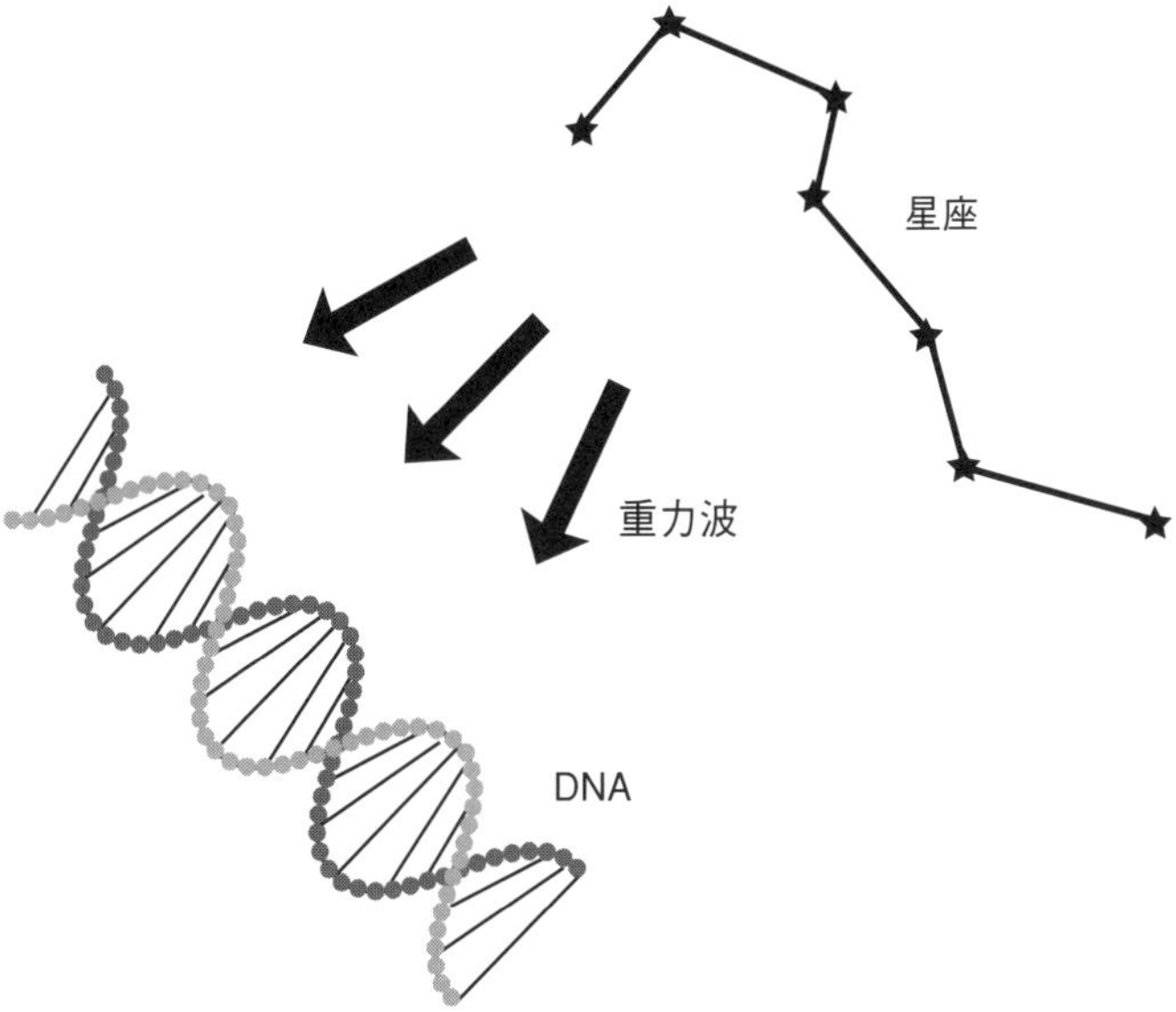

天体の動きが地球上にいる人間の DNA にまでも影響を与え、人の感情や体調などにも変化を及ぼしている。

BASHAR そうとも言えますが、基本的には、すべては自分の意識の中で起きていることの反映にすぎません。「あなた」の外側の世界なんてないのです。

ですから、惑星の動きが私たちに影響を及ぼしているというよりは、私たちの内側のものが、外側に『現実』として反映されているともいえます。

みつろう まぁそうだよね。でも、「どちらが先」と言うのはなくて、両者は同時に起こっている。

内側が先でも、外側が先でもない。「見るもの」と「見られるもの」は同時に分離するから。まぁとにかく、あの星空に浮かぶ惑星の動きと僕たちの体内のDNAのON／OFFがちょうど良い位置関係にあるってのが、神秘的だよね。

BASHAR そうですね。皆さんが太陽系として認識している意識にとっても、完璧な関係、比率や割合で配置されています。すべては完璧にバランスされているのです。

みつろう 奇跡としか言えないよね、このバランス。こんな完璧な宇宙を創ったのは誰なんだろうね。

BASHAR 「あなた」です。

みつろう　いや、わかってんだけど。凄いよね。ねぇ、バシャール。
今、「内側」と「外側」の話が出たから、その境目だと信じられてる肉体についって、一緒に話そうか♪

BASHAR×さとうみつろうの対話

それはまるで、子供同士が大好きなおもちゃをとっかえひっかえしながら、目を輝かせて、お互いにおしゃべりしているようだった。
どんなおもちゃで遊んでいても、この2人はいつも楽しそうだ。

（同行した編集者談）

周波数について

身体を調整するなら40〜100ヘルツの周波数

みつろう　DNAと地球の関係を、今度は周波数でみていきたいんだけど、地球には「シューマン共鳴」という音があって、地球自体が持つ振動数がある。知ってるよね？

BASHAR　ええ、地球の振動数との関係性ですね。

みつろう　そう、「関係性」。極々超長波という、とても長い音の波が地球一周の距離の整数分の1になった状態を言うんだけど、簡単に言えば地球とハーモニーが取れている状態。振動数も周波数もすべては音の波だからね。すべては、波の「関係性」。人間は、鼓膜が共振してキャッチできる範囲を「音」として耳が認識して、網膜がキャッチできる範囲を「光」として目が認識するけど、結局すべてはただの振動数なわけ。

BASHAR 人間には感知できない「振動数」もありますね。

みつろう ラジオの電波とかね。「耳」では聴こえないけど、確かに在る波。で、その音の波はお互いが整数倍になると調和する。地球との協和音「シューマン共鳴」は、7・83Hz（一次）、14・1Hz（二次）、20・3Hz（三次）。この周波数を聴くと地球と共鳴しやすくなるの？

BASHAR そうですね、そのことを自分に許可すれば、そういう効果が出ることもあるでしょう。

みつろう なるほど。最近「ソルフェジオ周波数」ってのが日本でブームなんだけど、これは特定の周波数が意識や物質に良い影響を与えるという研究。例えば、528Hzの音を聞くとDNAが修復すると言われているけど、僕はそうは思っていない。

BASHAR それを信じている人にとっては効果があるでしょうし、信じていなかったら効果がないでしょう。周波数そのものよりも、それについてどのように信じているか、ということが大きいです。

みつろう　じゃあ、これはやはりプラシーボ効果みたいなものなの？

BASHAR　ある意味ではそうですね。そんなに高い周波数でなくてもいいはずです。

みつろう　528Hzじゃないってこと？

BASHAR　DNAの調整が目的なら、私たちがガンマ周波数と呼んでいる1秒40〜100サイクル、すなわち40〜100Hzくらいの周波数の方がいいでしょう。

みつろう　なるほど。実はこの528Hzについて文献も調べたんだけど、「DNAを修復する」という確かな根拠が見つからなくて。

「地球」と「極超長波」がシューマン共鳴するように、「DNAの振動数」と「528Hz」が、お互いに「整数倍」だったら共鳴するんだけど、DNAの振動数が調べてもわからなくてさぁ。

だから僕の中ではまだ528Hzの根拠は探せてないんだ。ちなみに、実際そういうDNAを修復する特定の周波数なんてあるの？

BASHAR　その周波数はそれぞれの人によって異なります。

その人の目的や、どんな信念体系をもっているのか、住んでいる土地について何を信じているかや、本人のエネルギーレベルも関係します。

もし、調和したいという目的であれば、40〜100Hzの周波帯の中から適切なレベルを選ぶと恩恵を被るでしょう。ただし、基本的にひとつの周波数が多くの人に合うということはあっても、万人にあてはまるということはありません。

ロックフェラー財団と「純正律」と「平均律」

みつろう　誰にでも作用する「絶対値」じゃなくて、それを聞く人の状態との「相関値」なんだよね。お互いが共鳴できる関係性にあるかどうか。
だから僕も、整数倍の波の関係性にこだわった「純正律」にチューニングしたピアノでコンサートをしているんだ。すべての物質は振動しているから、音で人の心を高揚させたり、拡大させたりできる。

BASHAR　進んだ生命体は、「音」をさまざまな分野に使っています。医療、建築、乗り物の推進力など多岐にわたります。皆さんの星の古代のピラミッドの建設でも特定の音を使い石材を浮かばせて運びました。

みつろう ロシアも最近、特定の音で石を浮かせる実験に成功してるよね。

ただ僕は「音楽」をやっているので、音を「楽しむ」ことで内的なことに使いたい。

ところが、今の地球では、1939年に国際標準音というのがロックフェラー財団に制定されてしまって、「平均律」という気持ち悪い音が主流になってしまったんだ。

BASHAR 平均律が意味することを教えてください。

みつろう 「平均律」ってのは、1オクターブを数字で12等分したもの。

BASHAR それが、「気持ち悪い」というのはどういう意味ですか?

みつろう 音の波同士が、整数倍の関係じゃないんだ。

かつての音楽は、音を「割る」のではなくて、音の波が整数倍で重なるようになっていた。ハーモニー、要するに「調和」が大事にされていた。

でも便利だからという理由で、現代の音楽の99・9%は「平均律」になってしまっていて、音の波同士が調和していないんだ。だからそれを聴く人も「不調」になるんだよね。

BASHAR 平均律にしたことで、つながらなくてもいいところとつながってしまった、ということはありえるでしょう。

ただ、それだって「音」であることには違いはありませんね。地球には調和しないので、人工的に感じるかもしれません。

みつろう そう「自然」じゃないんだよね。さっきも言ったけど、僕は自然が大好きだから、昔の「純正律」を復活させて、人々の心の乱れを取るような活動を今後も続ける予定。

今やっている、純正律のピアノコンサート以外でも。物質ってすべてが振動だから、「音」ってとても大事だと思うんだ。

BASHAR あなたにとって、ワクワクすることなら追求するべきテーマです。

「純正律」と「平均律」を聴き比べるピアノコンサート

著者のさとうみつろうさんは活動の一環として、古代に封じられた「純正律」の音を復活させたチューニングのピアノを使った「カノン瞑想」の公演活動を行っている。

「純正律」のカノンの音に乗せて、「自己」を客観的に見つめるヴィパッサナー瞑想である。

現代私たちが聴くことができる楽曲は99％が「平均律」だが、ハーモニーの取れた「純正律」は一度聴くとその違いを全身の細胞が「気づく」という。興味のある方は「さとうみつろうトークショー」で検索。

すべての物質は固有振動数で震えている

みつろう ちなみに、調和しているか、調和していないかというのは、お互いの「関係性」の問題で、波が整数倍かどうかがポイントなんだけど、すべての物質は、「固有振動数（シグネチャー周波数）」というものを持っているよね。原子はエネルギーの振動そのものなんだから。

BASHAR はい。一人ひとりがそれぞれの各部分の周波数の集大成、あるいは調和された集合体から成る、その人独特の固有振動数を持っています。

みつろう その物質的な周波数と、バシャールの言う「ワクワクによって波動を上げる」という周波数は違う話？

BASHAR 同じものです。ワクワクでシグネチャー周波数が上がるのです。

みつろう そうなの？　凄いね。じゃ、ワクワクしたら、この物質である肉体の振動数が上がるってこと？

BASHAR はい、そうです。

あなたのシグネチャー周波数が上がります。また、シグネチャー周波数の中にはあなたの肉体の周波数も含まれます。

今のみつろうさんは、人生や考え方の状態によって1秒間に17万6千から22万回の振動数の間を変動しています。

みつろう へー。今この瞬間、僕という肉体はどのくらいの振動数なの？

BASHAR 毎秒21万7千サイクルです。

みつろう マジで？

それって、昔バシャールが言っていた、聖者たちの振動数を超えてるじゃん！

ほら、ブッダとキリストは毎秒20万回って言ってたよね？（※156ページの表参照）うっわー、めっちゃ嬉しいんですけど。なにこれ、接待対話なの？　ヨイショされてるの俺？

BASHAR あなたは今、とてもワクワクしているからです。それに今、私たちが21万7千よりずっと高いエネルギーを出しているので、あなたなりに私たちのエネルギーに合わせようと思って自分の周波数を上げている状態なのです。

みつろう 実は昨日から、バシャールに会えてものすごく嬉しくて興奮しているんだ。隠していたけど（笑）。

BASHAR 私たちから見ると隠れていませんが。

みつろう 隠れてないのね。表面上か、隠してるのは（笑）。

BASHAR でも、私たちは、表面よりもっと深くを見ますので。

みつろう さっきの振動数だけど、僕が約22万回ならキリストなんて38万回くらい行ってそうなもんだけどね。

BASHAR まず、33万3千という数字が、物質次元と非物質次元の「閾値《しきいち》（ある反応を引き起こすのに必要な値）」です。

ということは、1秒に38万サイクルというのは、もう物質次元を超えたハイヤーマインドの次元なのでありえません。

みつろう　なるほど。キリストの「意識」というのがあるなら、そこってことね。

BASHAR　そういう可能性もあります。けれども、それも状況に応じて変動します。何しろ、38万回ならすでに非物質次元にいるわけですから。イエス・キリストという存在のハイヤーマインドならば、38万は正しいかもしれませんが、キリストが肉体を持っていたときに、38万回だったということはありえません。

密度と振動数

密度	振動数
●第３密度	約 60,000 〜 150,000 回 ＊人類の平均は約 76,000 〜 80,000 回 / 秒 ＊仏陀やイエス、クリシュナ、ウォヴォーカ（ネイティブ・アメリカンの聖者）は 200,000 回 / 秒以上 ＊初期のアトランティスは平均約 140,000 〜 150,000 回 / 秒
●移行領域	約 150,000 〜 180,000 回 ＊ムー / レムリアは平均約 170,000 〜 180,000 回 / 秒
●第４密度	約 180,000 〜 250,000 回 ＊ピラミッド内で行う儀式で、最大約 200,000 回 / 秒
●移行領域	約 250,000 〜 333,000 回 ＊バシャールは約 250,000 〜 290,000 回 / 秒
	――――――ここまでが物質界――――――
●第５密度	約 333,000 〜 500,000 回以上　―以降、非物質界―

＜『バシャール×坂本政道　人類、その起源と未来』より＞

みつろう 肉体のぎりぎりの限界は33万回なんだね？

BASHAR 33万3千です。

みつろう 333、ナイスナンバーだね！

BASHAR これは正四面体の構造です。

みつろう おお、そうなんだ。
じゃあさ、もはや「ほぼキリスト」と言っても良いであろうこのみつろうさん（固有振動数21万7千回／秒）が、一緒にいるみんなをワクワクさせたら、その人たちの周波数も高くなるの？（笑）。

BASHAR そうです。

みつろう じゃ、音に乗せてこの振動数を伝染させられるってことか。
ちなみに、ダンスも音に乗って動く行為だからいいいんだね？

BASHAR イエス、イエス、イエス、なんでもいいのです。
自分の本質とつながることができれば、その人の周波数は上がります。

みつろう なるほど。さっきの話に戻るけど、人間のＤＮＡの構成要素はすべてが同じ物質だよね？

BASHAR 地球の人のことですか？

みつろう もちろん。

BASHAR 一般的にはそうですが、少しシリコン化された要素を持っている人もいます。

みつろう えー、そうなの？ それは要するに、炭素じゃないってこと？

BASHAR より高い周波数に対応できるように、この地球上の現実でシリコンの割合が増えています。

みつろう だとしたら、僕は玄米をよく食べるから、ＤＮＡもシリコンになってるんじゃない？（笑）。玄米って、ケイ素（シリコン）でできてるからね。

BASHAR そのようなことにはなりません。

みつろう ならないんかい（笑）。じゃあ、どうやったら炭素がシリコン化するの？

BASHAR これも、すでにお伝えしている通りです。自分の一番楽しいことをして、自分の周波数を上げれば、自分の分子が変化することで体内でよりシリコンが生成される割合が高まる、あるいはシリコンを吸収できるようになります。これは「クォンタム・プロセス」というプロセスが身体の中で自然に起きるからです。

みつろう クォンタム・プロセスというのは要するに原子転換のことかな?
ある原子が、違う原子に変わる現象。

BASHAR はい、そうです。

みつろう あぁ、なるほどね。生体内原子転換のことね。フランスの生物学者ルイ・ケルブランが提唱した。

BASHAR 簡単に言えばそういうことです。その表現は正確ではないですが、比喩としては良いでしょう。

人間の身体と不食について

不食の人のエネルギー源は、地球の電磁波

みつろう　生体内原子転換に近いテーマなんだけど、最近の日本で「不食」がブームになっている。

まったく何も食べずに人間が生きられるというのは、「常識」からすると信じられないんだけど、実際に何人もそうやって生きているんだ。

最近では芸能界で俳優の榎木孝明さんも30日間の不食を行って、めずらしく大手マスコミさえもニュースで取り上げていた。時代が変わってきているのかな。ちなみに、不食の人のエネルギー源って何なの？

BASHAR　私たちも食べませんよ（笑）。

でも、質問に答えるなら、それは地球の電磁場です。

みつろう それは新しいね。

BASHAR 不食をすると腸のプロセスが変わるのです。

みつろう どういう意味？

BASHAR 体内のシリコンの割合が増え、それによって地球の電磁場から栄養を摂れるようになると、腸は機能停止に入ります。

要するに、腸の中でどんなことになっていようがもう関係なくなるのです。

そうなると、長い時間をかけて生きているソーラーパネルのようなものです。

みつろう ソーラーパネルには、腸は不必要ですね？

ソーラーパネルに腸がくっついていたら怖いよね。

ちょっと嫌なもの想像しちゃったよ、やめてよね。まぁ、太陽光発電でも、電子を励起させるためにシリコン素材が使われているから、電磁波を「食べる」ために肉体がシリコン化するってのは納得できるね。でも、不食の仕組みには、他にもパターンはあるでしょ？

BASHAR はい。

みつろう 急に増えてきたんだよね、最近。実際に、不食をしている人が。

BASHAR ただ、不食をする人の何割かは正しい不食ができていないので、今後、ものすごく飢えて栄養失調になり、再び食事をしなければならないようになるでしょう。

みつろう へぇ。準備ができてないのに、やっちゃっている人は栄養失調になるのか。でも、30年ぐらいずっと食べてない人とかもいるけど、そんな人はきちんと不食ができているんだよね？

BASHAR 間違ってやっていたら30年も続きませんから、当然正しくやっていますね。ただ……、彼らが隠れてこっそりと食べていなければ（笑）。

みつろう 食べてない、食べてない（笑）。なんちゅージョークを言うんだ。

BASHAR そうしたら、正しくやっているのでしょう。

努力しなくても不食になれるならOK

みつろう　電磁波を食べているって言ったけど、「太陽光を食べている」と自分自身で言う人もいる。

BASHAR　はい、それも可能です。太陽光線と地球の電磁場の相互作用によって電磁場が増幅するのです。従って、太陽光線を直接食べているというよりは、太陽によって増幅された電磁場経由で食べているのです。

みつろう　この場合も、地球の電磁場なのか。そこに、光合成細菌は関わってるのかな？植物はそもそも太陽光線と水さえあれば生きるわけだから。不食の人も、そんな仕組みなのかなって。

BASHAR 植物が光受容体を通してクロロフィル（葉緑素）をエネルギーに変えるのと同じようなことが、ある程度、皆さんの体で起きることは可能です。
でも、そのためには細胞が適応していかなければいけません。
似たような効果をシリコンがある程度は、果たしています。

みつろう またもやシリコンか。不食の人を「ブレサリアン（ブレス、呼吸のみで生きる人）」と表現する言葉もあるんだけど、この空気を食べる場合も、磁場や太陽光が関わっているの？

BASHAR 酸素が関係していますが、それもやはり地球の電磁場を経由してになります。

みつろう じゃあ結局全部、地球の磁場を食べてるんだね（笑）。

BASHAR そうです。

波動の高低は食事とは関係ない

みつろう ちなみに、不食の人たちの腸内の細菌を調べたら、他の人とは全然違うんだって。

BASHAR まぁ、誰もが腸内の細菌は本人固有なんだけど、不食の人たちはまるで違う。当然です。エネルギーの吸収方法が変わったので腸の在り方も変わっています。

みつろう 腸内には、ものすごい数の微生物がいて、それが分化したり統合したりして全身の細胞に変わるわけだから、腸内の微生物さえ生かし続ければ、人間は生きていけるんだもんね。

BASHAR でも、その微生物も不食によって徐々に別の在り方に適応します。

その結果、腸はエネルギー吸収を新しい方法で行う別の臓器になっていきます。例えば、私たちには腸がありません。エネルギーを違う方法で吸収することができるからです。

みつろう 日本で実際に不食をやっている人たちは、どんな段階なの？ 腸がもう全然違う状態になっているのか、それとも腸にはまだ微生物がいっぱいいるの？

BASHAR 変わりつつあります。

しかし、臓器がまったく変わるためには、いくつもの「世代」が必要です。

みつろう なるほど。最後に、不食をやりたがっている人が結構いっぱいいるんだけど、何かアドバイスできる？

BASHAR 食べるのをやめてみて、不食になるべき人であれば空腹を感じません。空腹を感じる人は、不食になる人ではなかった、ということです。

そもそも不食になることに決まっているのであれば、自分で努力しなくても自然にそうなってしまいます。なんとなく食事はしたくないと感じて、なおかつ、食事をしないでも、エネルギーがたくさんあるという体験をするようになります。

みつろう 相変わらず、わかりやすいね。

ここでも、「ワクワク」を信じて、なるようになる、なんだね。

自分自身の身体と感情が、すべて知っている。

BASHAR ただし、不食をすることがスピリチュアルな道として、他と比べてより優れているということではありません。

食事をする人の中にも不食の人よりも波動が高い人がいます。ですから、その人次第なのです。

みつろう 僕もそう思うんだよね。なんか、「食べない方が偉い」みたいな風潮になりつつあるけど、そういう訳でもない。「食べないことだってできるんだよ」という、固定観念を壊すための不食ならいいんだけど。「食べない方が、素晴らしい」は間違っている。

BASHAR ケースバイケースですね。

みつろう そうだね、ケースバイケースだね。「食べない方が良い」ケースもある。

例えば、風邪をひいた時、僕は絶食する。それだけで、すぐに治るんだけど、

「みかんを食べたら治る」とか「スポーツ飲料を飲んだら治る」とか間違えた「常識」がはびこっているせいで、「食べない」ということが信じられない。固定観念が「食べる」に縛られているからだ。「何を」食べて治そうか？ って考えてしまう。「食べる」という入り口の中で迷っているけど、そもそも入り口の「食べる」が違う（笑）。「食べない」なの。動物とかは病気をしたら一切食べないしね。

BASHAR そうですね。病気をしている時の身体は普段とは違うサイクルに入っています。バランスを取り戻そうとしている体にとって、食べ物の波動は重すぎることがあります。

食べないことで病気を治す

みつろう でも僕も「常識」を信じている時は、何かを食べることで必死に治そうとしていたなぁ。

「食べなければ」という強い思い込みがあるから。

頭はそうでも、身体は、食べたがっていなかったんだよね。だから、嘔吐するし。

BASHAR 食べる量を減らせば波動が上がるのは確かです。
もちろん、それだけが万人にとっての絶対的なルールということではありませんが。

みつろう　「食べない」ことの重要性という観点で言うと、そもそも現代の地球には本来の「食べ物」がないんだよね。何を食べても、変なものばっかり（笑）。

食品には添加物、保存料。野菜には遺伝子組み換え（GMO）、農薬に化学肥料。家畜にはホルモン剤。

そりゃあ昔の人はさ、何を食べても身体に良かったんだろうけど、現代は違うんだよね。

BASHAR　そうですね。ですから、私たちがお勧めしているのが、年に1回か2回は、体を徹底的にデトックスすることです。

みつろう　デトックスと聴くと、また何かを新たに体内に入れないといけないと人間は思っちゃうけど、1日~2日の断食で、最高のデトックスになるんだ。体内の免疫細胞マクロファージが身体中の「悪いもの」を分解してくれるから。がん細胞も含めて。

でも、腸内に新しい異物の混入（食べる行為）がある限り、そのようには働かない。

だから、断食するだけでデトックスになる。最近では断食のことを「ファスティング」ってかっこよく呼ぶらしいから、オシャレ感覚でファスティング・デトックスをしよう（笑）。

BASHAR 年に1～2回の徹底的なデトックスに加え、日頃からなるべく自然のもの、オーガニックのものを食べることが重要です。可能な範囲で。

みつろう 食べたものが身体をつくっているんだもんね。

BASHAR 最近の研究では、性格も腸内の細菌が出すホルモンが創り出しているってわかっているから、文字通り食べたモノが「わたし」のすべてを創り出していることになる。

BASHAR あなたが、「あなた」のすべてを創りあげています。

みつろう ちなみに、全身の物質は新陳代謝ですべてが入れ替わるから、数年前の「わたし」と今の「わたし」は、実際にまったく違う物質でできているんだよね。

タンパク質も、アミノ酸も、カルシウムも、骨まで含めて全部が入れ替わる。

このサイクルが3ヶ月という学者もいれば、3年かかるという学者もいるけれど、どのくらいかかるの？

BASHAR　これもまた、人によります。その人がどんな状態にあるかによります。研究者たちが違う結果にたどり着くのは、研究の対象になっている人が違うからです。

その人たちの波動が違うからです。

細胞は90日から7年ですべてが入れ替わる

みつろう　でも、レンジとしての範囲は言えるの？

BASHAR　それも、見方によります。

量子レベルだと実際は1秒間の間に何十億の別人になっているので、「1秒間に何十億回、あなたは新しくなっている」とも言えます。

けれども、皆さんが慣れ親しんでいる時間軸でいけば、全身が入れ替わるのに一番短い平均が90日、一番長くても7年間です。

みつろう　なるほど。

じゃあ、遅い人でも肉体のすべてが7年では違う物質に入れ替わるんだから、やっぱり本来の自然な食べ物を食べることで、身体の組成そのものが変わるんだね。

BASHAR そうですね。

身体を徹底的にデトックスして、なるべく自然のものを食べていくと、全身とまではいかなくても、少なくとも身体のパーツは90日間サイクルで変わる経験をするでしょう。

みつろう ところで、「千島学説」という医療学説があって、それでは腸で血が造られていることになっている。

BASHAR ノー。

みつろう じゃ、どこで血は造られているの？

BASHAR 身体の複数個所です。

みつろう あぁ、なるほど。

千島学説でも全身で細胞の基となる赤血球ができ上がることになっている。

この学説が楽しいのは、食べた微生物が腸の中で分化・統合して万能細胞（何にでも変化できる細胞）となって、身体中に行き渡る。

その後、全身でその場所の細胞に変わり、古い細胞と交替する。そしてその細胞は、やがては腸からうんことなって出て行く。

簡単に言えば、体の外にある時、乳酸菌や、光合成菌、酵母菌という名前で観測される微生物のカタチが、腸の中でまた新しい微生物のカタチになり、人間の全身の細胞に替わり、しばらくしたらこの身体から出て行く。

この一連の流れで、微生物たちは一度も死んでいないんだ。

カタチは何度も変わったけど、ずーっと生きている。

今、たまたま僕の全身にはこの63兆個の微生物が、偶然居合わせて人間に化けているだけ。

だから、これからも死ぬ命なんてないし、生まれる命もない。すべては万物の流転なんだよね。

BASHAR そうですね。
ただ食べ物に含まれる成分には、体内に入った後、身体の細胞に置き換わらずにその成分のまま排出されるものもあります。

細胞も分解されるものもあれば、そのまま排出されるものもあります。

また、血液生成のプロセスには幾つかの臓器が関与していますが、血液は骨の中でつくられています。


みつろう 夢がないね、その発言（笑）。

骨髄の中で血が造られているんだったら、地球の科学者が言っていることと同じじゃん。

まぁとにかく、僕はまだ電磁波を食べて生きてないから、この全身の細胞は、口から入ってきたモノのカタチが変わっただけなんだよね？

BASHAR そうなります。
さて、今回の交信には、あと少しの時間しか残されていません。

みつろう そっかぁ。
ミトコンドリアと不食についての関係も訊きたかったけど、ありがとう、バシャール。

BASHAR

お陰で、人類の起源と肉体についても深い洞察が持てたよ。また、明日ね。
皆さんにとっては明日、私たちにとっては次の瞬間。
この交信の共同創造に加わってくださったことに感謝します。
無条件の愛と感謝を皆さんに。
ごきげんよう！

DAY 3
2015.10.23

宇宙はどのようにしてできているのか？

「わたし」の目の前に広がるのは3次元空間

BASHAR こんにちは。今日のこのお時間、いかがですか?

みつろう I'm fine.

BASHAR では、お好きな質問からどうぞ。

みつろう 僕はちっちゃい頃から、「世界はどのようにしてできているのか?」「宇宙の外側には何があるのか?」「この〝わたし〟とはいったい何なのか?」とかを考えるのが好きだった。

これは僕だけじゃなく、ほとんどの人が幼い頃には疑問に思うこと。でもみんな現実に忙しいから、大人になる前には忘れちゃうんだ。

って、誰がヒマジンやねん！

BASHAR 何も言っていませんが？

みつろう 地球の大切な文化、〝ノリツッコミ〟を披露してみました。

えーっと、幸いなことに、お暇だったみつろうさんは、そういった探究心がやむことはなかった。だから、3日目の今日は、『現実』とは何か？「わたし」とは何か？ について話し合いたいんだけど、大前提として僕たちが住んでいるこの宇宙がどんな仕組みでできているのかを把握することが重要だよね。

BASHAR 宇宙の中に住んでいるというよりも、あなたバージョンの宇宙をあなた方が目の前に構築しています。

みつろう その量子論における〝観測者効果〟の話はまた後半で話すとして、まずは宇宙の構造について。今、すべての人の前には「世界（宇宙）」が広がっているよね。これは文字通り「広がっている」と知覚されるから、空間と僕らは呼んでいる。この宇宙は「タテ・ヨコ・ナナメ」の3次元の立方体空間。それに時間（t）という要素も入れて、「4次元時空」と表現したりもするけど、とにかく僕らが目の前に『現実』として知覚しているのは3次元空間だ。ところが、最先端の科学者たちは、4次元、5次元、超ひも理論では11次元の存在が提唱されている。

BASHAR 世界が3次元である必要はありませんね。

みつろう そう。むしろ計算上は「3次元以上の高次元が存在しないとおかしい」ことになるらしい。

でも、「高次元の存在」って言うと、さっそく怪しい感じするよね（笑）。

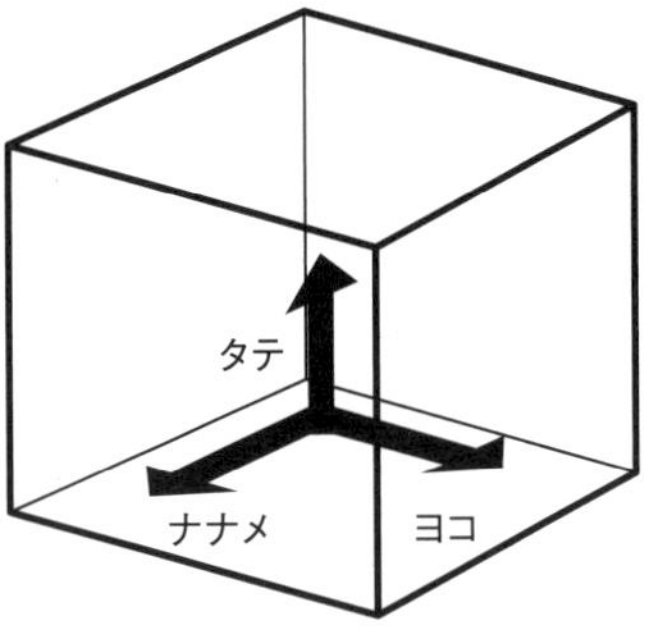

立方体空間

タテ、ヨコ、ナナメで構成される立方体空間

超ひも理論

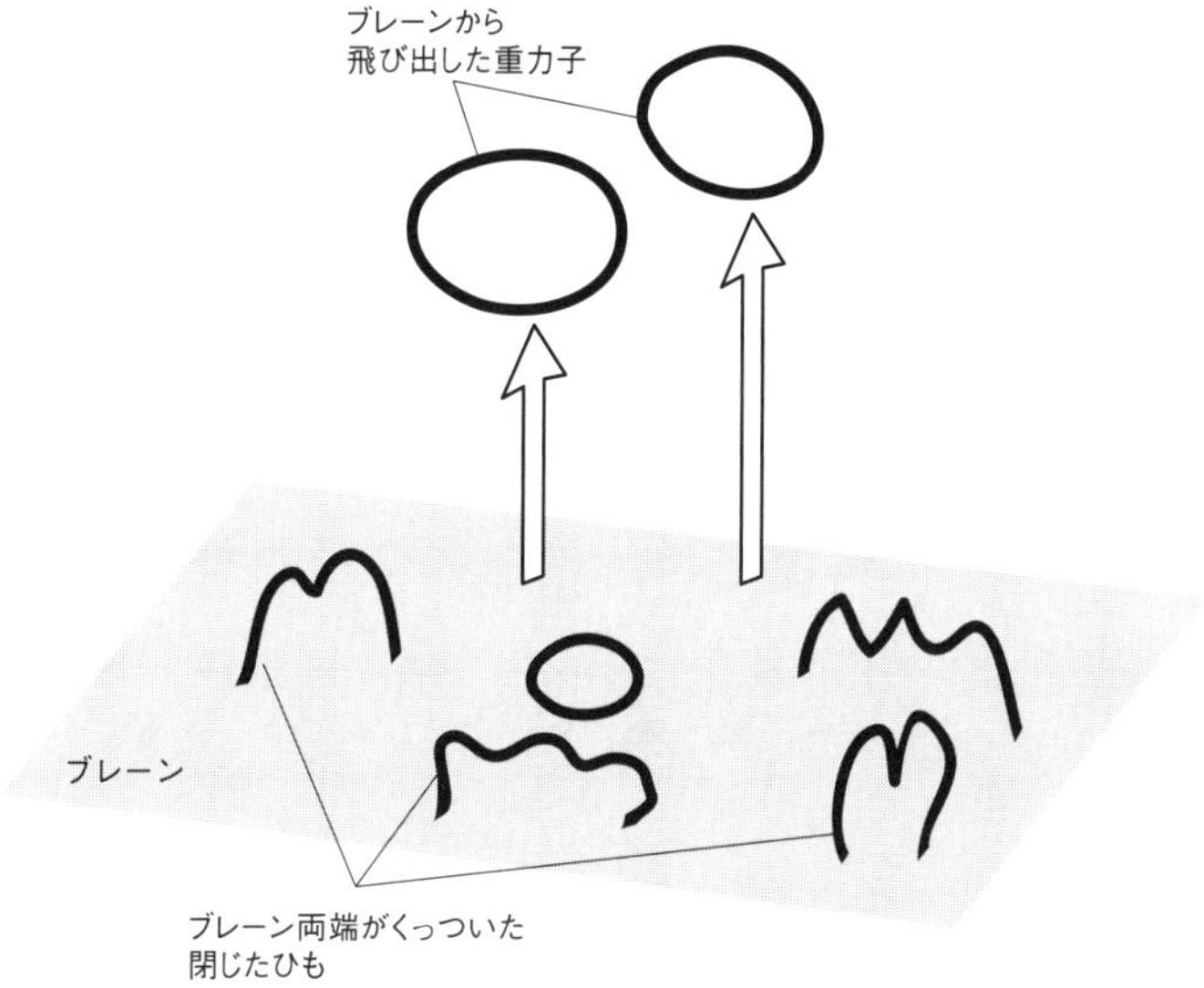

「超ひも理論」では、物質の究極の要素は「粒子」ではなく「ひも」であるとされている。ひもには、「閉じたひも（重力子）」と「開いたひも（光子）」があるが、これらが振動・回転することで粒子になっているというもの。

2次元の紙が重なり合う空間が3次元空間

みつろう　とにかく僕らは、3次元の中に生きているのだから、4次元以上の高次元を表現することはできない。これは原理的に、無理なこと。

例えば、2次元の紙（平面）の世界で3次元を表現することは不可能だ。だって「上」という方向に行かないと3次元にはならないんだから。でも、「上」に行っちゃうと、もうそれは紙の中の世界じゃないし、そもそも「上」という概念さえ、平面の二次元の世界には存在しない。同じ原理で、3次元空間の中に暮らしている僕らが、4次元以上の高次元を知覚できるわけがない。「上」のように知・・・・・・らない方向が必要になるから。それは「ピョム」かもしれないし「キョム」かもしれない（笑）。

BASHAR 3次元の中では、指がさせない方向性です。

みつろう そう。どこだよ、「ピョム」って（笑）。ところが最近の科学者は突き止めた。計算上、この3次元宇宙の外側の次元に漏れ出しているフォース（チカラ）があることを。

それが、重力子グラビトンだ。

BASHAR 重力を伝える素粒子のことですね。

ただ、重力波の動きというのは、皆さんが考えているような動き方ではありません。

重力波は、すべての物質次元の根底にあると考えられています。ですから、「次元を超えて漏れ出す」や、「すべてを貫通する」と思われているのです。

パラレル・ワールドを物理学者が提唱し始めた

みつろう　じゃあ、グラビトンはすべての次元の構造体ってこと？

とにかく、重力だけはこの3次元宇宙の中では説明できないってことが、計算上わかってきたので、例えば、「ブレーン宇宙論」というのが提唱された。

さっきの紙の例えで言うと、「2次元の紙（平面）」が無数に重なり合っている空間が「3次元」という次元のように、「3次元の立方体（空間）」もまた無数に重なり合って高次元の中に浮いているとする理論だ。これまでは「ユニバース（uni＝たったひとつ）」だと思われていた宇宙が、「マルチバース（multi＝たくさん）」だとわかってきた。「多次元宇宙論」とも言われたりする。

3次元と4次元の違い

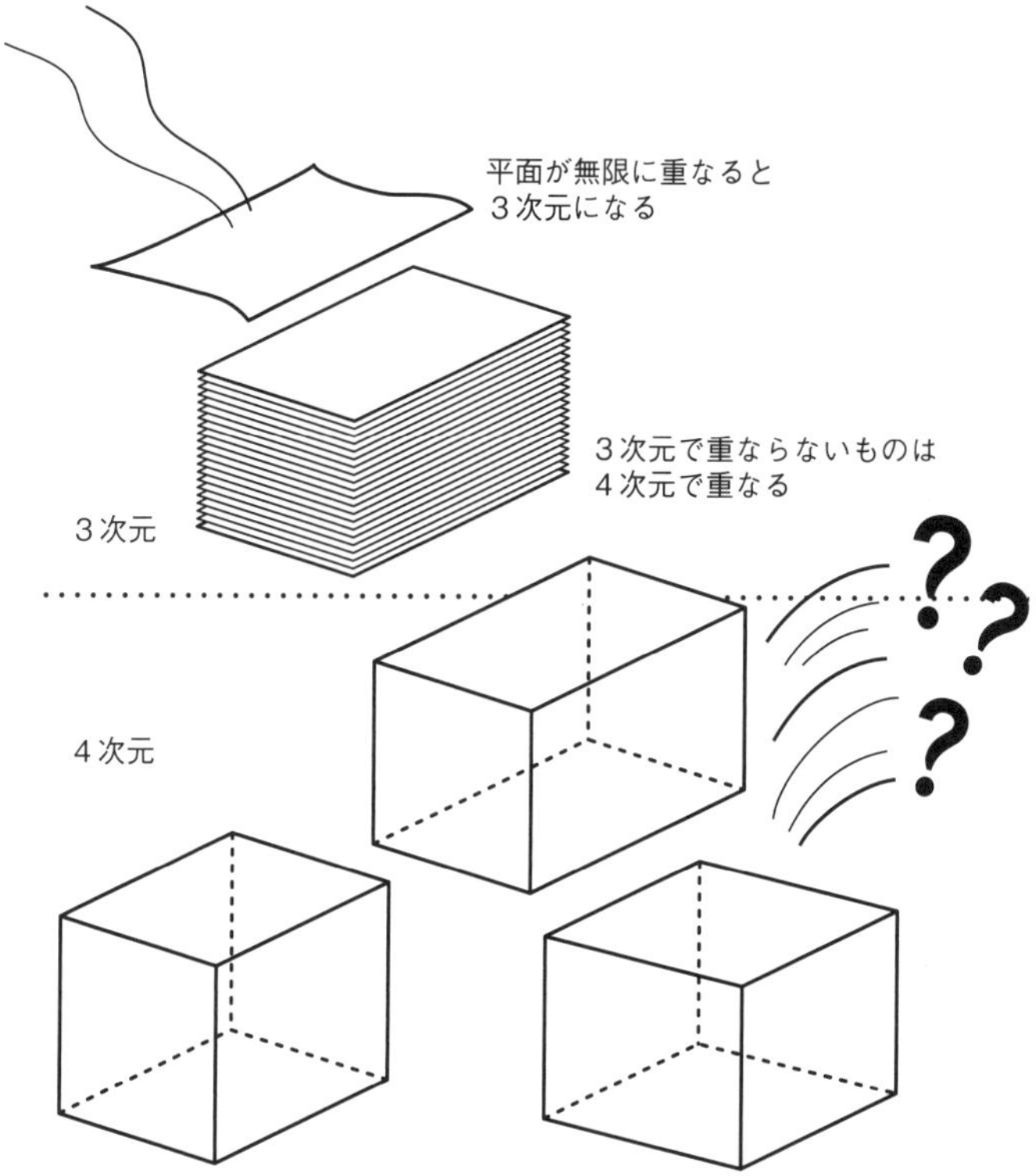
平面が無限に重なると
3次元になる
3次元で重ならないものは
4次元で重なる
3次元
4次元

2次元である平面の紙がたくさん重なっているのは2次元（紙の中）ではなく、3次元空間。同じように、3次元空間同士は、この3次元の中で重なることは不可能になる。けれども、高次元においては、この3次元空間が無数に重なり合うことは可能。

BASHAR パラレル・リアリティのことですね。

みつろう そう、SF映画のような話が、真剣に物理学者の間で議論されているんだ。「結婚した私がいる宇宙」「結婚していない私がいる宇宙」「子供が3人いる宇宙」「子供が5人いる宇宙」……。無数の宇宙(3次元空間)が重なって高次元に浮いているという理論なんだから、なんだか夢があるよね。でも夢じゃなく、現実として最先端の科学者たちがその高次元の存在が「必要」だと言い始めているんだ。

BASHAR リサ・ランドール博士(『ワープする宇宙——5次元時空の謎を解く』(NHK出版)など著作あり)や素粒子物理学者も宇宙物理学者も垣根を超えて、余剰次元や「パラレル・ワールド」の話をしはじめた。

私たちにとっては、パラレル・リアリティは理論ではなく本当に存在しているものです。

みつろう 僕らにとっては今、科学者が『理論』を唱え始めた段階なの。

BASHAR はい、それはわかります。

しかし、物理学者がすでに理解している「時間の不連続性」の中に、パラレル・リアリティの証拠を見つけることもできるはずです。

みつろう おぉ、なんか今、人類が凄いヒントをもらったっぽいね。

ただ、そのヒントをもらったのが、「みつろう」だったというこの人類史に残る不幸たるや（笑）。その追跡は読者の誰かに任せるとして、とにかくブレーン宇宙論では、無数の「3次元空間」が重なりあって存在している高次元空間があると提唱されている。

もちろんその高次元の世界ってのは、「3次元の立方体現実」が重なり合って並ぶわけだから、僕らの住むこの3次元世界の中では表現もできないけど。

BASHAR もう一度お話ししますが、私たちにとってそれは実際に存在しているものです。

みつろう わかったから（笑）。

実は僕たちも凄い時代に生きていて、実際にその「高

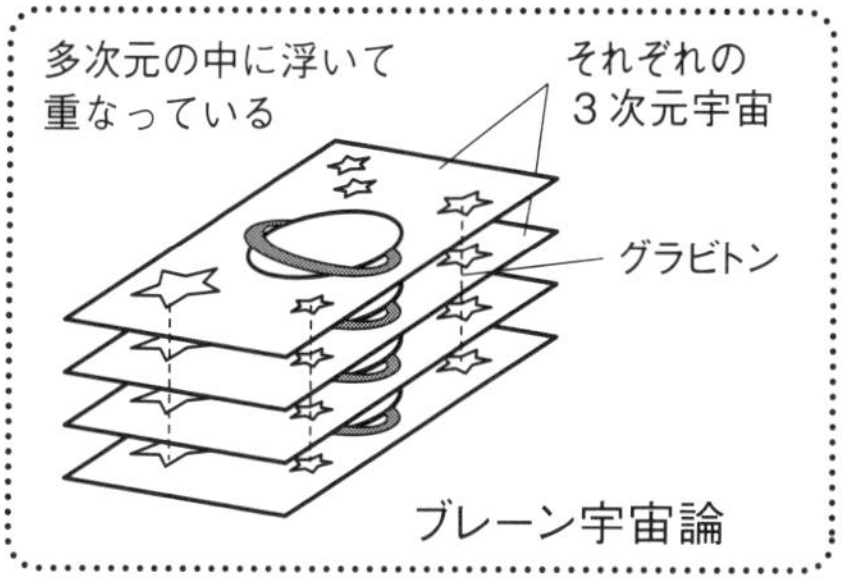

次元」の世界を突き止めようと、実証実験も始まっているんだ。「LHC（Large Hadron Collider）」という設備が現在稼働中で、2018年末まで実験を続ける。この実験を簡単に言うと、無数の紙の中のひとつに閉じ込められた「この宇宙」の外側を探索する実験が始まったんだよ？

ロマンがあるよねー。しかも、国を超えて数兆円ものお金をかけて、世界中のトップクラスの物理学者たちが1000人以上もスイスに集まっている。

大型ハドロン衝突型加速器（Large Hadron Collider; 略称 LHC）

大型ハドロン衝突型加速器とは、高エネルギー物理実験を目的としてCERN（欧州原子核研究機構）が建設した世界最大の衝突型円型加速器の名称。スイス・ジュネーブ郊外にフランスとの国境をまたいで設置されている巨大施設。2008年9月に稼働開始した。LHCは2013年2月から停止していたが、2年間の改良工事を終え2015年4月5日に、以前に比べ約2倍「8兆電子ボルト（8TeV）から13兆電子ボルト（13TeV）へ」の高速エネルギーを備えて運転を再開した。
〈photo; http://www.atlas.ch/〉

「この宇宙」の外側の探求が、実際に始まった

BASHAR そのプロジェクトに携わっている人たちは、ワクワクを追求しているのですね。閉じ込められた「この宇宙」の外側の探求だよ？　誰だってワクワクするよ。

みつろう 僕も初めて「グラビトン」って文字を見た時からこの素粒子に直感で惹かれたもん。

自分のバンドのCDアルバムのタイトルにも使ったくらい好きなんだ（※さとうみつろうさん率いるバンド、「サノバロック」のデビュー・アルバム名は「グラビトン」）。ワクワクしない？

この重力子グラビトンだけは他の「世界」へ干渉できるんだよ？

BASHAR　お伝えした通り、グラビトンはすべての次元の基本構造の一部なので、いろいろなところを貫通しているように見えます。

すべてのものの基本構造に所属しているからこそ、貫通しているように見えるのです。

ただ、もしもすべての存在の構造の根本に迫りたいというのであれば、別の粒子になります。私たちがプライム・ラディアント*と呼んでいる粒子です。または、あなたはそれのことを「重力子」と呼んでいるのかもしれません。

★ Keyword「プライム・ラディエント (Prime Radient)」

バシャールは、「プライム・ラディエント (Prime Radient／原初の光)」のことを、「大いなるすべて (All That Is／森羅万象)」の源であり、「プライム・パーティクル (Prime Particle／原初の粒子)」とも呼び変えることができると『バシャール スドウゲンキ』の中で語っている。

この世界に存在している粒子は、プライム・ラディエントとしてのたったひとつの粒子しかない。

例えば、人間の体をつくっている粒子、テーブルの中の粒子、建物の中の粒子や地球の粒子など、この物理的な世界にある粒子は「すべて同じ粒子」であり、いろいろな粒子があるわけではない。

また、「プライム・ラディエント」より低い周波数のものに、「アイドロニック・フルーイド (eidolonic fluid)」というスピリチュアルな流動体のレベルがある。これは、人間の言葉で言うと「エクトプラズム (Ectoplasm)」のようなものであり、このフィールドが、スピリットレベルのリアリティのようなものになる。

そして、それ以下の周波数で、物理的な現実のもとになる電磁波的な流動体 (「electro-magnetic fluid」) があり、現実的な物質があると説いている。

世界はたったひとつの粒子でできている

みつろう　おっと出た！　ひとつなる粒子だ。

僕がバシャールに惚れたのは、その理論があまりにも秀逸だったから。「すべての物質は、たったひとつの粒子が無限大のスピードで動くことで創り上げている」って理論だよね。

BASHAR　理論ではありません。

それがこの宇宙の仕組みです。皆さんの科学者は、本質に迫りつつありますが、今でもまだ「あの粒子」と「この粒子」を別の物質だと考えています。

でも実際は、たったひとつの粒子プライム・ラディエントが無限大のスピードで動き回ることで、すべての粒子を創り上げているのです。

みつろう　そう。この話を聴いた時、鳥肌が立ったのを覚えているよ。地球の科学者も、計算上空間には「無」の場所なんてないってことが最近わかったらしく、それはすなわち「すべての物質は今もつながっている」ことになる。要するに、どこからどこまでが「個体」で、次のどこからどこまでが「別の個体」とは言えないから、「宇宙のすべては今でもひとつ」って結論づけた。

BASHAR　すべてはひとつなるものの違う現れです。

みつろう　わかる。それは、哲学や宗教などいろんな分野で言われてきたことだけど、その「ひとつなるもの」を、素粒子を使って物理的に説明しているモデルを初めて見たから、ビビったよね。プライムなんとか……。とある事情で横文字に弱いから、「ひとつなる粒子」って呼ぼうかな。

BASHAR　このプライム・ラディエントの動いた軌跡が何度も交差した部分が濃くなり、粒子となります。また、この粒子の軌跡そのものが宇宙の根底となる網、または構造をつくり出します。

その網が生じさせる効果を、皆さんは「重力」と呼んでいるのです。

ですから、重力子グラビトンは、プライム・ラディエントから生じた二次的な効果ということになります。

みつろう 「スーパーポジション」についてはわかりますか？

BASHAR わからないよ、教えて。

みつろう 同じ時間に、ひとつの粒子が複数の場所に存在できるということです。

BASHAR それなら聴いたことあるよ。量子コンピューターの基本原理だよね。

みつろう ひとつの粒子が複数の場所に同時に存在しているとします。

スローモーションで表現すると、ある「パラレル・リアリティ」にひとつの粒子が現れ、そのあと、別の「パラレル・リアリティ」にそれが現れる。

同じひとつの粒子がこの2つを創っているのですが、その2つの粒子を、別々の現実で知覚した場合、まるで次元間を貫通しているように見えます。でも、貫通しているのではなく、そこにすでに在ったのです。

みつろう なるほど。

BASHAR 同じように、ここにあるひとつの重力子を観ている時に、別の場所にある重力子は見えていません。そのあとで別の場所で重力子を見ると、そこへ貫通したように見えます。

でも、ただ片方を見えるようにして、もう片方を見えなくしているにすぎませんね。

量子物理学者がこれに近い現象を、「クォンタム・トネリング（トンネル効果*）」として説明しています。

ポイントは、ひとつの場所から別の場所に移動したのではないということです。すでに粒子はどこにでも存在しているのです。そして「そこに粒子はないだろう」と思われていた場所に、粒子を見るようにしただけなのです。

（註）量子トンネル効果とも言う。量子的ふるまいにより、例えば、カベを超えてボールが投げられるような効果。

みつろう 原子核のまわりの電子も、特定の場所に在るわけじゃなく、確率分布として存在するだけだもんね。

BASHAR　そうです。従って、現在の皆さんの科学が考えている「重力子は唯一次元間を移動できる」という表現は正確ではないのです。

皆さんにとって移動しているように見えるのは理解できますが、実際に物理的な移動が生じているのではありません。

ですから、「パラレル・リアリティ間を唯一移動できるのは重力子だけですか？」と訊かれれば、答えは「イエス」と「ノー」の両方です。

一見すると、そのように見えるので正しいとも言える一方で、物理的な移動が生じているわけではないので、正しくないとも言えます。

宇宙ごとにシリアルナンバーがついている!?

みつろう まぁ、表現が違うけど同じことだよね。別々の世界に同時に存在しているってことだから。ちなみにアインシュタインが提唱した「宇宙定数」というのがある。これは簡単に言えば、この宇宙の構造を説明する際に必要になる変数だけど、この「宇宙定数」は10でも30でも200でも、たとえどんな数字でもいいはずなのに、僕らが住むこの宇宙には特定の数字が初めから割り当てられている。

BASHAR はい、すべての宇宙に固有の波動があるので、特定の数字になってもおかしくありません。

理論上はどんな数字でもかまいませんが、別の数字だったら別の宇宙になるはずです。

みつろう 僕にはこれが、まるでこの宇宙のシリアルナンバーであるかのように思えるんだよね。「この宇宙はシリアルナンバー36ね！」みたいな。

BASHAR それは、皆さんが「拡大」と呼んでいる宇宙の一側面の数学的の平均値の一種です。

そして宇宙定数に関しては、かつて物理の世界で考えられていた理解と、今の理解は違っています。

宇宙定数が実際には何を表しているかについて新しい知見が皆さんにもあるはずです。

みつろう そう。宇宙定数は今では「膨張する力」だとわかっている。

不思議だけど、この宇宙はたったの6％が物質で、残りの94％は正体不明のエネルギー。

それが宇宙を加速膨張させているパワーで、ダークマターとかダークエネルギーとか呼ばれている、物質じゃないもの。この、「膨張する力」と「重力（引き合うチカラ）」という、2つの矛盾する力が宇宙にはある。

BASHAR それはお互い、コインの裏表みたいなものですから、矛盾してはいません。

みつろう 2つの極みたいな感じ？

BASHAR そういうわけではありません。片方は、もう片方の別の位相（フェーズ）です。ただし、互いが互いの別次元における延長です。

グラフで説明をしないといけないかもしれません。

あとでグラフをダウンロードしますから、それを見ながらお話ししましょう。

みつろう OK。でも、どうして宇宙は収縮するチカラよりも、膨張するチカラの方が勝つの？

BASHAR それもグラフを見てください。

みつろう 了解。さっきも話したけど、今、地球の科学者たちは、「LHC」という実験施設で宇宙の初期、ビッグバンの状態を起こそうとしている。でも、宇宙のビッグバンの状態にするには、エネルギーが足りないと思うんだけど……。

BASHAR 足りないですね。

みつろう じゃあ、無意味な実験かな？

BASHAR いいえ、意味がないことはありません。その過程で何かを発見したり、理解できることがありますから。

みつろう ちなみに、ビッグバンというのは実際に起こったの？

BASHAR ある種、そう言えますが広がったのではなく、変わらないサイズだったひとつのポイントが粉々になったのです。皆さんの4次元時空という視点から見たときに、それを拡大として体験したということです。

みつろう なるほど。じゃあ、次元による視点で違うのか。

BASHAR はい、そうです。

次元とはそれぞれ違う周波数のリアリティ

みつろう　そもそも、次元っていうのはなんだろう？ 昨日、グラビトンはこの次元では空気だけど、違う次元では水のような状態になっているって言っていたよね？（137ページ参照）

BASHAR　いくつかの次元においては、です。

みつろう　地球の科学者も、重力の強さは「距離の（次元マイナス1）乗に反比例」することを知っている。

この宇宙は3次元だから（3－1＝2）で「重力は距離の2乗に反比例」する。

これが6次元という高次元があるのなら、「距離の5乗に反比例」する訳だから、次元が変わると重力の性質がガラッと変わる。それを液体重力って言っているのかな？　巨大加速器ＬＨＣもこの数値の変化の検出で、高次元の証拠を探している。

BASHAR　次元というのは、それぞれ違う周波数をもったリアリティで、物理の法則が変わる可能性を含んでいるものです。私たちの文明では少し前から、重力が液体のような挙動をする次元を探究しています。

私たちは、そのリアリティを「インサイドアウト・リアリティ（裏表になった現実）」と呼んでいます。

言い換えると、皆さんの現実で皆さんの目から見たら何もない空間に、その次元では星や惑星があるように見えます。

その次元では、何もない空間が泡の入った液体重力で満たされていて、その泡の内側に生命体が住めるようになっているのです。

星の表面ではなく、空間を満たしている液体重力の泡の内側に住んでいると表現できます。

みつろう　非常に興味深い次元です。
想像すらできない（笑）。
表裏が逆転している次元ってこと？　ない場所にあって、ある場所にない。
この宇宙の裏返しの次元なんだね。ちなみに今、探究しているって言ったけど、
バシャールたちもまだ探究することがあるの？

BASHAR　私たちは、この液体重力が詰まっている次元を最近発見しました。

みつろう　最近？　じゃ、これはホットなトピックスなの？

BASHAR　言ってみればそうです。非常にワクワクするトピックです。

みつろう　なんか嬉しいな。さっきも言ったように、僕の現実には「グラビトン」という言葉がよく出てくるから。液体のグラビトンだなんて。地球ではまだ粒子のグラビトンすら検出されてないのに。

BASHAR　もうすぐ、何らかの証拠が見つかるはずです。

オモイの素粒子

みつろう

ちなみにグラビトンってのは、重力を伝える素《もと》となる素粒子のこと。僕はＣＤでも歌ってるけど、「オモイノモト」なんだ。

日本語では「思い」と「重い」が同じ発音なのも偶然じゃなくて、この世界で「重力」の影響を受けないのは「想像」だけ。

リンゴは木から落ちるけど、誰かの「想像」がボトって地面に落ちているところを、見たことがない。「想う」という行為そのものが重力だから。

想うという行為は、素粒子グラビトンが、実際に「この宇宙」以外のパラレル・リアリティとの間を行き来して相互干渉している状態。

「見る」ことと「想う」ことの違い

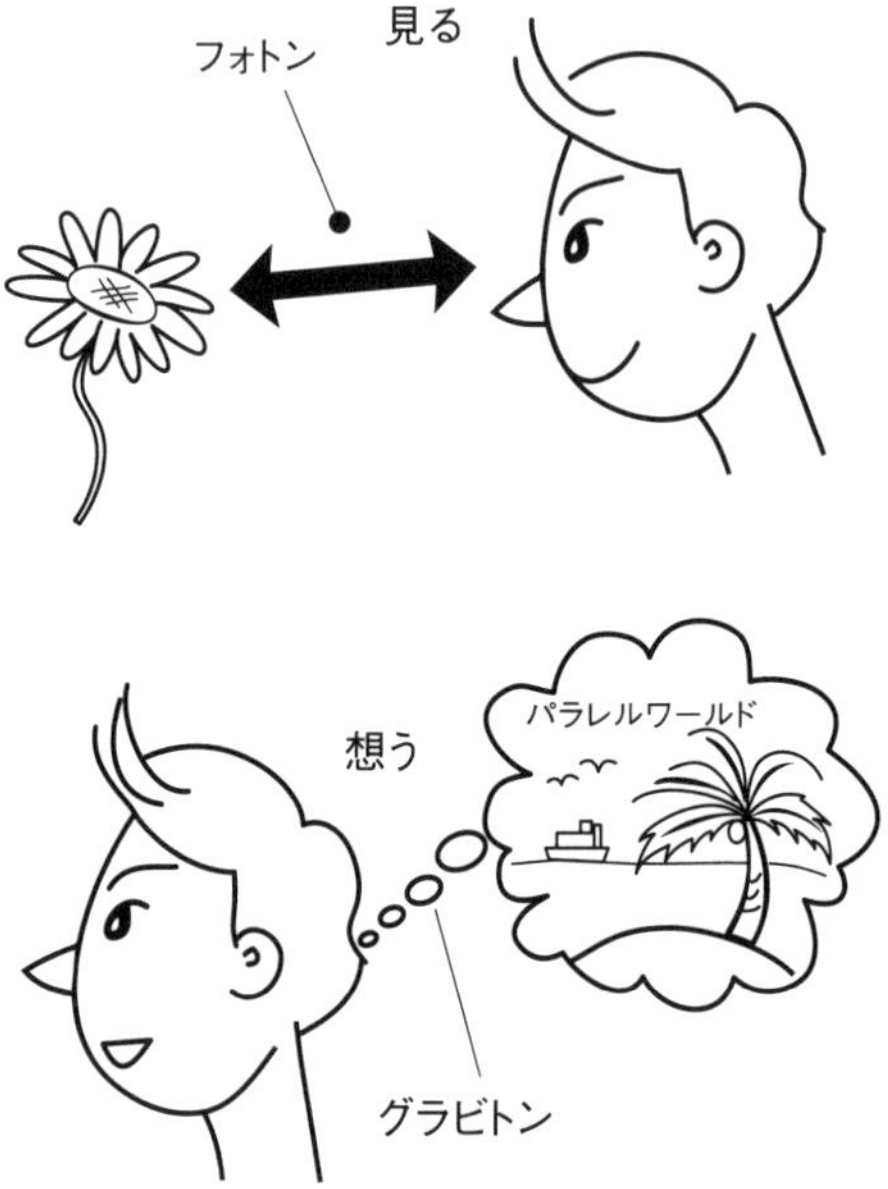

「見る」という行為は、「フォトン（光子）」が「目」と「対象物」の間を行き来する相互作用であり、「想う」行為は、次元を超えられる。

BASHAR それは、イマジネーションのことでしょうか？

みつろう そう、想像。すべては素粒子の相互作用だから。見るという行為は、「フォトン（光子）」という粒子が「目」と「対象物」の間を行き来している相互作用でしょ？。同じように、「想う」という行為は、「クラビトン（重力子）」が「この宇宙」と「パラレル宇宙」の間を行き来している相互作用。

超ひも理論では、フォトンは、「この宇宙」の外側へは行けないけど、グラビトンだけは高次元方向へ進める。

要するに、別の〝宇宙〟を垣間見ることはできないけど、〝垣間想う〟ことはできる。想像とは、目の前を見るための粒子が「フォトン」だとすると、目の前とは違うことを想うための粒子が「クラビトン」になる。

すなわち、想像という現象が起こっている間、実際にその想像の世界との間にチカラの相互干渉が働いているんだよ。

BASHAR 「想像」とは、ハイヤーマインドと肉体のマインドの間のコミュニケーションをとる管のことです。「想像」という行為そのものを見たときに、それは、肉体のマインド（三次元）とハイヤーマインド（高次元）をつなぐものですから、当然少し次元が開くような性質があります。そこにおいては、重力子が関係していますが、メインの要素としては「電磁エーテルエネルギー（Electro-Magne-etheric Energy）」の果たす役割の方が大きいです。

みつろう　電磁エーテルエネルギー？

BASHAR　これは、電磁気力にエーテル液体エネルギー、スピリットエネルギーが合わさったもののことです。

みつろう　地球の科学を超えているから、無理だなぁ（笑）。エーテル液体エネルギーに、スピリットエネルギー……。ブレーン膜（この宇宙）から抜け出せないエレクトロン（電子）やフォトン（光子）の「電磁気力」ならわかるけど。

BASHAR　皆さんの科学が予想している通り、ほとんどの電子や光子は確かに別の次元に行くことはできません。しかし例外もあり、それに関してはまだ皆さんには解明できていないだけです。

「プライム・ラディエント」というひとつの素粒子の違う表れが電子や光子だということからすると、この「プライム・ラディエント」がすべての次元のリアリティをつくっているので、電子も光子もトンネルを通って違う次元へ行けると理解できます。

みつろう 無理だよね（笑）。まだ重力子グラビトンさえも検出されてないんだから。

BASHAR グラビトン以外の粒子が次元を超えるという例外は他にも、「ホワイトホール」というものがあります。これは、いわゆるブラックホールの逆の概念です。光子がブラックホールに入り、ホワイトホールから出て違う宇宙、いわば違う次元に行くということです。

みつろう だけどグラビトンだけは、このブラックホール、ホワイトホールを通らずに違う次元へ行けるんだよね？

BASHAR はい。でも、それでは説明が大まかすぎるでしょう。先ほど説明した通り、グラビトンは次元を構成する根本的な要素なので「突き抜けているように見える」だけです。

3次元世界に「時間」が必要な理由

みつろう　僕たちの科学では、まだその程度しかわかっていないから、ごめんね。

BASHAR　はい。

みつろう　ちなみにグラビトンの干渉で、違うパラレル・リアリティのことを思い出す人がいるけど。白昼夢？　みたいな。

BASHAR　それは、その瞬間に実際に別の次元とつながっているのですが、皆さんは〝時間〟という連続した空間にいるので、それを過去の記憶であると解釈し直しているだけです。

肉体のマインド（3次元）は、すべてのものが同じタイミングで存在しているということは完全には理解できません。

みつろう 当然だよね。「3次元立方体という現実」が無数に重なりあう「空間（高次元）」なんてこの場所からはイメージできないんだから。紙の中で「上」が思えないように。

BASHAR ですので、別のパラレル・リアリティと今同時につながったときに、「これは過去に起きたことだ」、「これは未来に起きるだろう」と時間軸に置き換えないと整理ができないのです。
けれども実際には、すべての『現実』が同じタイミングで重なり合って起きています。

みつろう ここに初めて、「時間（t）」というファクターが必要になるのか。
立方体が同時に重なっているのを、この3次元ではイメージできないからね。3次元立方体（この宇宙）が同時に重なっている場所ってのは、最低でも3プラス1次元だもんね。
そこでは本当は今、同時にすべての世界が重なっていることになるね。2次元の紙が、3次元では重なれたように。すべての『3次元現実』が同時に重なって存在している。

例えば、「僕が金持ちのパラレル・リアリティ」も、「とてもハンサムなパラレル・リアリティ」も、「身長が185cmのパラレル・リアリティ」も、想像できるすべての「3次元立方体世界」が同時に重なって存在している。

BASHAR そうです。実際にあなたという存在は、一瞬のうちに何十億というバージョン、別のリアリティにシフトしています。

みつろう 何十億？　この数は、無限でしょ？　有限じゃなくて。

BASHAR いいえ、何十億です。

みつろう おっと、面白くなってきた。

「観測」は無限の可能性だと、量子力学は説明しているはずだけど。

まさかの「範囲」があるとは。だったら未来は決まった選択肢の中に固定されちゃうことになる……。ちょうど良いタイミングだから、次のトピックを〝「わたし」とは何か？〟について変えて、話し合おう。

宇宙が膨張する力と重力の関係について

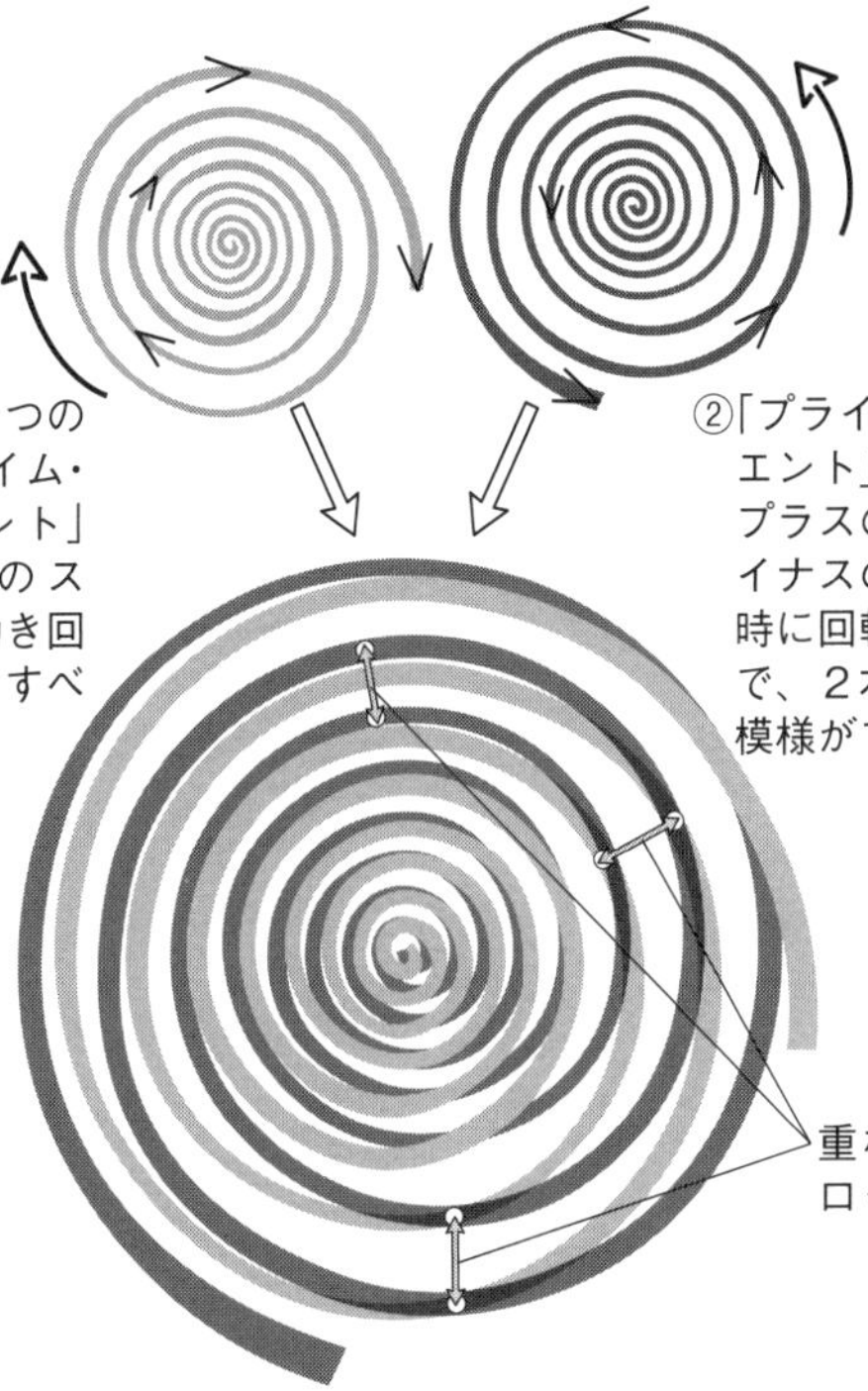

①たったひとつの粒子「プライム・ラディエント」が無限大のスピードで動き回ることで、すべての物質を創り上げているのが、この宇宙。

②「プライム・ラディエント」は、まずプラスの方向、マイナスの方向に同時に回転することで、２本のらせん模様ができる。

③らせん状の動いた奇跡が何度も交差し、重なった点が濃くなって粒子となり、別の交差点との間に互いをロックする。

④ロックされた２つのポイントの距離と関係性が重力と呼ばれるもの。お互いが引き合えば引力のようになり、離れていくと宇宙がどんどん拡大していく。遠くに行けば行くほどそのときのスピードは同じでも、私たちの現実では、より加速しているように見える。

バシャールがダリルにダウンロードした図

量子学のその先にある「わたし」という現象について

未来は無限ではなく有限？

みつろう

ここまでの話をまとめると、地球の科学者が探索している「高次元」が実際にあり、その高次元では「3次元立方体現実」が無数に重なって存在している。

これがいわゆるパラレル・リアリティと呼ばれている状態。

でも、「3次元立方体現実が重なり合っている状態」を僕らが住む3次元の空間の中では表現なんてできないから、脳内で「時間」という幻のファクターを利用して整理している。

この立方体空間（パラレル・リアリティ）は過去だった、あの立方体空間（別のパラレル・リアリティ）は未来だろうと。

要するに、この3次元の空間では、目の前にはたったひとつの『現実（3次元立方体）』しか知覚できない。だけど、高次元では今、同時に、すべての3次元立方体現実（パラレル・リアリティ）が重なって存在している。だから、そのパラレル・リアリティの中からどれを選ぶかは無限に選択ができるはずだよね？

BASHAR

いいえ、何十億です。

「あなた」が経験するのは有限の体験なので、無限ではありません。

確かに、「パラレル・リアリティ自体は無限」にあります。

けれども、1秒1秒ごとに自分がシフトするパラレル・リアリティの数は有限なのです。

なぜならば、そこに時間軸が入るからです。だから有限になるのです。

さらに言えば、自分の人生に関係のないパラレル・リアリティにシフトすることはないからです。

みつろう

その説明だと、ちょっとおかしくない？

パラレル・リアリティの間をシフトしている「わたし」なんていないはずだよね？

だって、「わたし」は、すでにすべてのパラレル・リアリティの中にいる存在なんだから。

この宇宙の中には、この「さとうみつろう」がいる。別の宇宙の中には、別の「さとうみつろう」がいる。「金持ちの私」とか「ハンサムな私」とか無限の可能性の「わたし」がそれぞれの宇宙の中にすでにいる。

ということは、パラレル・ワールドの間を移動する「わたし」なんていないはずでしょ？

BASHAR

もちろん誰もどこにも行きません。

わかりやすくするために典型的な表現を使ってみました。

どの次元の「わたし」というのを見ているかによって表現は変わってきますが、その意味でしたら無限になります。

みつろう

難しいんだよね、「わたし」の表現って。

僕はよく「DVD」を使ってこの例えを表現する。無数のDVDが目の前に置いてあるとして、それを選んでいる存在を「真の私」だと仮定する。その「真の私」はひとつのDVDを選んで鑑賞を始める。ピッと再生ボタンを押して。

すると、そのDVDの中には、とある主人公の物語が録画されている。そのDVDを楽しむためには、その中の主人公を私だと思い込まないといけない。

映画だってそうだよね？　その主人公を私だと思い込むから、感情移入できて楽しめる。

主人公が悪に追われたらハラハラするし、何かを解決したら嬉しくなる。その主人公を私だと思い込むことで、「体験」ができるんだ。この例えで言うと、DVDの中に登場する主人公こそ、かの有名な「わたし」になる。

まぁ要するに、通常の僕たちが私だと思っている、この「わたし」のことね。

BASHAR　肉体次元におけるマインドのことですね。

みつろう　そう、この、今ここにいる、この「さとうみつろう」のこと。

いわゆる、「Ｉ（アイ）」だから、これを「わたし（Ｉ）」としようか。

さてＤＶＤ鑑賞室にいる「真の私」は他にも無数のＤＶＤを見ることができる。

これが「パラレル・リアリティ」と言ってもいい。さっきまでの話で例えるなら、ＤＶＤの中が3次元立方体現実で、そのすべてが今同時に重なって存在している場所がＤＶＤ鑑賞室（高次元）になる。その場所で、主人公「わたし（Ｉ）」を、私だと思い込んでＤＶＤを楽しんでいるのが「真の私」になる。

高次元は DVD 鑑賞室のようなもの

すべての現実が同時に重なって存在している場所＝高次元を DVD 鑑賞室だとすると、そこにいる「真の私」は、無数の DVD の主人公を「わたし（I)」と思い込んで鑑賞して楽しんでいる。

いろいろなレベルの「わたし」が存在する

BASHAR そのどちらも、本当のあなたです。

「わたし」にはさまざまなレベルがあるのですが、そのすべてが私です。

まずは、肉体のレベルの物質レベルのマインド。

それから、ハイヤーマインドと呼ばれるレベル。それから、魂のレベル。

それからオーバーソウルと呼ばれるレベル。全世界の集合意識と呼ばれるレベル。

太陽系の集合意識と呼ばれるレベル。銀河の集合意識というレベル。

皆さんのいる宇宙全体の集合意識というレベル。たくさんの宇宙の集合意識レベル。
いろいろな違う宇宙のパラレル・リアリティの集合意識レベル。
どんどん上に行って拡大していって、
あるときに「すべてなるもの」、つまり「大いなるすべて（All That Is）」というレベルに行きます。
さらに、その「大いなるすべて」にもいろいろなバージョンがあって、
それらが寄せ集まったものが、さらに大きくなって広がって……、と無限なのです。

みつろう ですから、「わたし」と言うときには、自分は今どの次元の「わたし」と言っているのかを理解しておくことが大切です。

僕の場合は、だいたいこういうことを話しているときは、そこまで細かく階層分けをしない。というかできない。「地球意識」とか「ハイヤーマインド」なんてわからないし（笑）。

分けても3つくらい。

①一般的な、「わたし（Ｉ）」という人格。心理学で言えば表層意識。
②その「わたし（Ｉ）」を私だと思い込んでいる「真の私」。永遠の鑑賞者。
③鑑賞者としての私が分離する前の「すべてなる私」。または「ひとつなるもの」。

BASHAR　それでもかまいません。
ただ、会話のたびに、今どのレベルの「わたし」のことを話しているかを、はっきり言っておかないと、読者は混乱するかもしれません。

みつろう　そうだね。図や表があるとさらにわかりやすいから、本にする際にはイラストもたくさん入れてもらおう。
ちなみに階層分けで言えば、この「わたし（Ｉ）」よりも小さい私だって本当は存在している。だって「私（Ｉ）」というのは63兆個の「私たち」という細胞の集合体だから。

BASHAR　イエス、イエス、イエス！
小さいあなたのことをＤＮＡと呼びます。

みつろう

不思議だよね、63兆個の細胞はそれぞれが細胞膜で覆われたひとつの生命体で、シャーレの中でも生きる。そんなバラバラの63兆個の生命体が集合しているだけなのに、「さとうみつろう」というたったひとつの統合された意識を形成している。同じような理屈で、「わたし（I）」という生命体と「隣の人」という生命体が70億個集まった「地球意識」というのを形成していても、原理的に不思議じゃないんだよね。

どの階層に意識をフォーカスするかの違いだけなのかもね。

一人ひとりの体験は、「大いなるすべて」としての体験

BASHAR はい。あるレベルではそうですが、だからといって、それぞれが別の人間じゃないということではありませんね。

ひとつの意識を共有しつつも、それぞれの個性があります。

何かを見ている時には、「私」という観点から見た経験をしているのです。

相手も当然、その人の観点から見た経験をしています。

高い次元では私たちは全員がひとつですが、その「ひとつ」がいろいろな、「個」を体験することを選んだということです。

みつろう 無限の体験を今同時に、「一者なる私」がしてるんだね。

BASHAR

この小さな「わたし（I）」を通して。（※一者とはプラトン哲学における、この世界のおおもとをつくっている最初・最高の原理）

ですから、「わたし（I）」の意見と同じくらい、他人の意見は重要で価値があります。

なぜなら、「他人」と高い次元における「大いなるすべて」は同じで、「大いなるすべて」と「わたし」は同じだからです。

そして、この現実でどんなことを体験するにせよ、あなたは、あなた自身を「大いなるすべて」として体験しています。

さらに肉体次元における「わたし（I）」も、「わたし（I）」を「大いなるすべて」として体験しています。

目の前の、他人という彼らは、彼らを「大いなるすべて」として体験している。

そして、すべての体験はいつでも個々の観点を通して行われるので、個の観点が失われることはないのです。

みつろう

すごいシステムだね。

どれも私だけど、どれも私じゃないみたいな。

BASHAR 「個」でありつつ「全体」でもあるというパラドックス。
はい。それはすべての人にあてはまることです。
「わたし」の意識と「大いなるすべて」の意識とは同じですし、
「あなた」の意識と「大いなるすべて」の意識も同じです。
そして私たち全員が、「大いなるすべて」なのです。

みつろう 地球の科学が最近発見した、「すべては今でもひとつ」ってことだね。
「わたし」も「あなた」も「そなた」も「どなた」も、区切れない同じ物質としてつながっているんだもんね。

BASHAR はい。私たちは「The One」、つまり、「たったひとつのもの」の反射《リフレクト》でしかありません。
この「The One」が、いろいろな観点からさまざまな体験をしているだけなのです。

みつろう 「The One」っていい表現だね。

なんか、かっこいいし！　僕が普段使う「ひとつなるもの」のことなのかな。
「見るもの」と「見られるもの」が分離する前の状態のことだね。

「大いなるすべて」は「The One」のひとつの側面

BASHAR　すべては「The One」のひとつの側面です。
その側面のひとつとして、「All That Is（すべてなるもの）」があります。
この「All That Is（すべてなるもの）」は、自分自身を知っています。

みつろう　「ひとつなるもの The One」はひとつであるがゆえに、知ることができない。
「知る」ためには、「知るもの」と「知られるもの」の最低2つが必要だもんね。
じゃあ、自分自身を知っているというその「All That Is」ってのは、
さっきの「真の私（永遠の鑑賞者）」に近いのかな。

BASHAR　はい、そうなります。

みつろう でもこの「すべてを知っている」ということは、結局、何も知らないことになるよね。「答え」と「疑問」は打ち消し合って0になるから。

BASHAR はい、そうです。その通りです。

みつろう 数字で言えばわかりやすいね。僕が1、2、3という数字しか知らなかったら、僕は1＋2＋3＝6という状態。でも、1、2、3と同時に、マイナス1、マイナス2、マイナス3という数字を持っていたなら無になる。

BASHAR ゼロです。「無」と「ゼロ」は違います。

みつろう そして、「すべてを持っている状態」とは、プラスにあるすべての数も、マイナスにあるすべての数も持っている訳だから、結局「すべてがあるもの」にはすべてがない。

BASHAR そうです。なぜなら、それが自分自身を知らないという「The One」をつくるからです。

これは、ループなのです。「The One」は、言ってみれば、すべてを知っていて、同時に何も知らない「大いなるすべて」とも言えます。一方で、何も知らない「大いなるすべて」、つまり「The One」はゼロをつくり、ゼロは何も知らない「The One」をつくり、「The One」は、すべてを知っている「大いなるすべて」をつくるのです。

みつろう 頭パンクするから、やめようか（笑）。ちなみに僕には「The One」の頃の記憶があるんだ。

BASHAR いいえ、それは不可能です。「The One」には自分だという認識がありえないので、「The One」の記憶というのはありえないのです。

記憶を持っていらっしゃるとしたら「大いなるすべて」の方です。

宇宙ではビッグバンではなく、ビッグシャターが起こった

みつろう　そっか、そういう使い方だもんね。

じゃあその、「大いなるもの」の記憶がなんとなくあるんだよね。

これからバラバラに分離するぞ！　みたいな記憶。地球という次元に入っていく前に、めっちゃワクワクした記憶。まぁ、ただの幻想かもしれないけどね。

記憶があるなら、「大いなるすべて（All That Is）」の方なんだね。

たったひとつの「The One」は感じることなんてできないもんね。

BASHAR　はい。自分と比較できる他者がいないので、感じることができないのです。

みつろう　「インフレーション宇宙論」の中で科学者は、宇宙が始まる前、すべての物質は

BASHAR たったひとつの点に集中していたと言っている。すべてはひとつだったと。

みつろう 皆さんは、今でもひとつですけれども。

わかるけど、「分離」という幻想をちゃんと見れているじゃない？

隣の人を「わたし」だなんて思えないから（笑）。この幻想が起きる前の、ひとつだったトキ。その状態を科学者は「特異点」と呼んでいる。

BASHAR その特異点には、この宇宙の全質量、全エネルギーが集中していた、と。

はい。しかし、それはある体験を説明するための表現であり、あるひとつの見方にすぎません。従って、「宇宙は、もともとはひとつでした」というときのこの「ひとつ」と、さっきからお話ししている「The One」とは別です。

特異点というのは、「宇宙が広がる前は、ひとつの点に集約していた」と言っているだけであって、私たちが今、話している「The One」とはまったく別の話なのです。

みつろう 要するに、「特異点」と僕が言ってしまったら、「特異点」と言っている僕と、言われている「特異点」が分離するから、それは「Ｏｎｅ」じゃないもんね。

BASHAR 「観察」はたったひとつの特異点の中で同時に起きています。それは、「観察」が特異点の外ではなく、「中」で起きているからです。

みつろう 皆さんの宇宙だけじゃなく、いろいろな宇宙があるのはおわかりになりますね？

もちろん。

BASHAR 皆さんの宇宙は、かつての小さかった宇宙と、今でも同じサイズの小ささなのです。

「動きはない」ということを思い出してください。つまり、ビッグバンと「宇宙の拡大」は幻想なのです。それらは、特異点の中で起きているのですから。

ですから、本当は、ビッグバンというよりは、〝ビッグシャター（Shatter ＝粉々になる）〟と呼ぶべきでしょう。

特異点が自らを特異点であると認識したときに、無限のポイントに粉々に分かれていったということです。特異点がバラバラに砕けて、同じ性質の特異点がたくさんできたのではありません。そうではなく、特異点が持つ「無数の側面の点」に粉々に分かれていったのです。これだとわかりやすいですか？

★ Keyword バシャールの語る「The One」と「All That Is（大いなるすべて）」の違い

バシャールはアメリカのセッションにおいて、「The One（大いなる一《いち》）」と「All That Is（大いなるすべて、すべてであるもの、森羅万象」の違いについて以下のように述べている。

「The One」は、すべてであるがゆえに、「Homogenous（同質）」であり、自分と他者というものが存在しない。だから、自分自身についての認識、自覚を得ることができない（他者との比較さえもできないから）。あるのは、ただ、そこに「在る」というだけ。

一方で、「All That Is（大いなるすべて、すべてであるもの、森羅万象」は、「The One」のひとつの側面である。つまり、自分自身が「大いなるすべて」であり、「The One」の一部であることを認識できるもの、と説明している。

本来ならビッグバンでなく、ビッグシャター（shatter ＝粉々になる）!?

ビッグバン

ビッグシャター

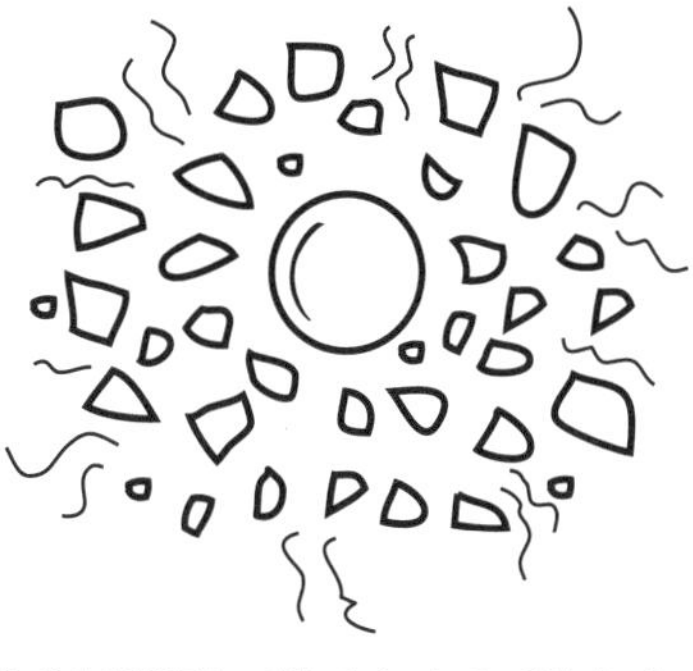

宇宙は爆発するように膨張して生まれたのではなく、特異点が自ら特異点であると認識したときに、無限のポイントに粉々に分かれていったもの。

「The One」は説明できない

みつろう　これって、無限大のスピードで動く「ひとつなる粒子」を、別の表現で説明してるんだよね？

BASHAR　はい。ただし、「動き」というのも、やはり幻想です。皆さんの3次元や4次元の世界でモノができることを理解するために、そういう説明をしたというだけの話です。

みつろう　例えるしかできないもんね。「The One」は説明できない。なぜなら、「The One」を説明するためには、「The One」じゃない僕が必要だから。「説明する者」と、「説明される物」の。

BASHAR そうです。「The One」の「外」というのはありえないのです。

みつろう だから、「The One」を説明できるものはいない。

BASHAR はい、いません。

みつろう それは何次元ということも関係なく、バシャールの次元だろうが何だろうが説明できない。

BASHAR はい、できません。

みつろう 「The One」そのものが顕《あらわ》れていることの説明というものがあるとしたら、ここが「The One」だ、と。

BASHAR そこには、「ひとつなるものが在る」と言えるだけです。

でも、「ひとつなるもの」は存在しているものの、それについて説明はできません。一方で、「大いなるすべて」は説明できます。「大いなるすべて」は「The One」のひとつの側面であるという説明です。

みつろう それで今思い出したんだけど、『マトリックス』という映画のワンシーンに、中央制御室のようなモニタールームがあって、そこにはたくさんのモニターがある。無数にあるモニターこそ、「わたし（I）」や「あなた」や「そなた」や「どなた」で、中心ですべてを「真の私（All That Is）」が見ている。

BASHAR はい、そのたとえだとわかります。それはどちらかと言うと、「大いなるすべて」に近いですね。

みつろう その「すべてなる私」は、さまざまな人の人生を見ている。この「さとうみつろう」だけじゃなくて、「バシャール」もそうだろうし、「山田太郎」も、存在の何もかもすべて。

BASHAR 見ているだけではなくて、体験しているのです。

みつろう そうそう。見たり、聴いたり、触れたり、嗅いだり。五感すべてを使って観測している。

BASHAR すべてです。

みつろう この「All That Is」が体験中なのは、すべてのパラレル・リアリティと、その中のすべての人格と、すべての宇宙の生きている……。

BASHAR すべてです。除外されているものはありません。

みつろう 鉱石もね。

BASHAR すべてがそこからできているのです。「大いなるすべて」の外側には何もありません。
「すべてであるもの」がすべてです。

あなたという「わたし（I）」がいかに重要か

みつろう　すべてがそれからできていて、それ自身が自分を知るための「観測機器」が、「わたし（I）」たちだと僕は思っている。

例えばこの「わたし（I）」は、この世界を観測するために挿入されたいわばカメラで、「座標」で表すことができる。3次元空間には緯度と、経度と高度があるから。

BASHAR　はい。X、Y、Z、そしてT（TimeのT）。

みつろう　そう、時間も感じているから4次元時空。

で、「今のこのわたし（I）」を表すと、座標値になるでしょ？　例えば、ここはカリフォルニアだから、北緯34度、東経118度、高度15mのように。その数値こそ「わたし（I）」そのもののシリアルナンバー。

BASHAR イエス、イエス、イエス。

みつろう それに時間軸AD（紀元）も足したら、「わたし（I）」とは、北緯34度、東経118度、高度15m、AD2015.10.23. 15:30:36から世界を見ている者だと説明できる。

「わたし（I）」＝X34°、Y118°、Z15m、T2015.10.23.15:30:36

この数値と、まったく同じ座標で世界を「観測」することは他の誰にもできない。

この観測者は1人しかいない。それが、「わたし（I）」だ。

要するに、僕が見ているこの世界は、僕にしか見れないんだ。

たくさんの「わたし（I）」

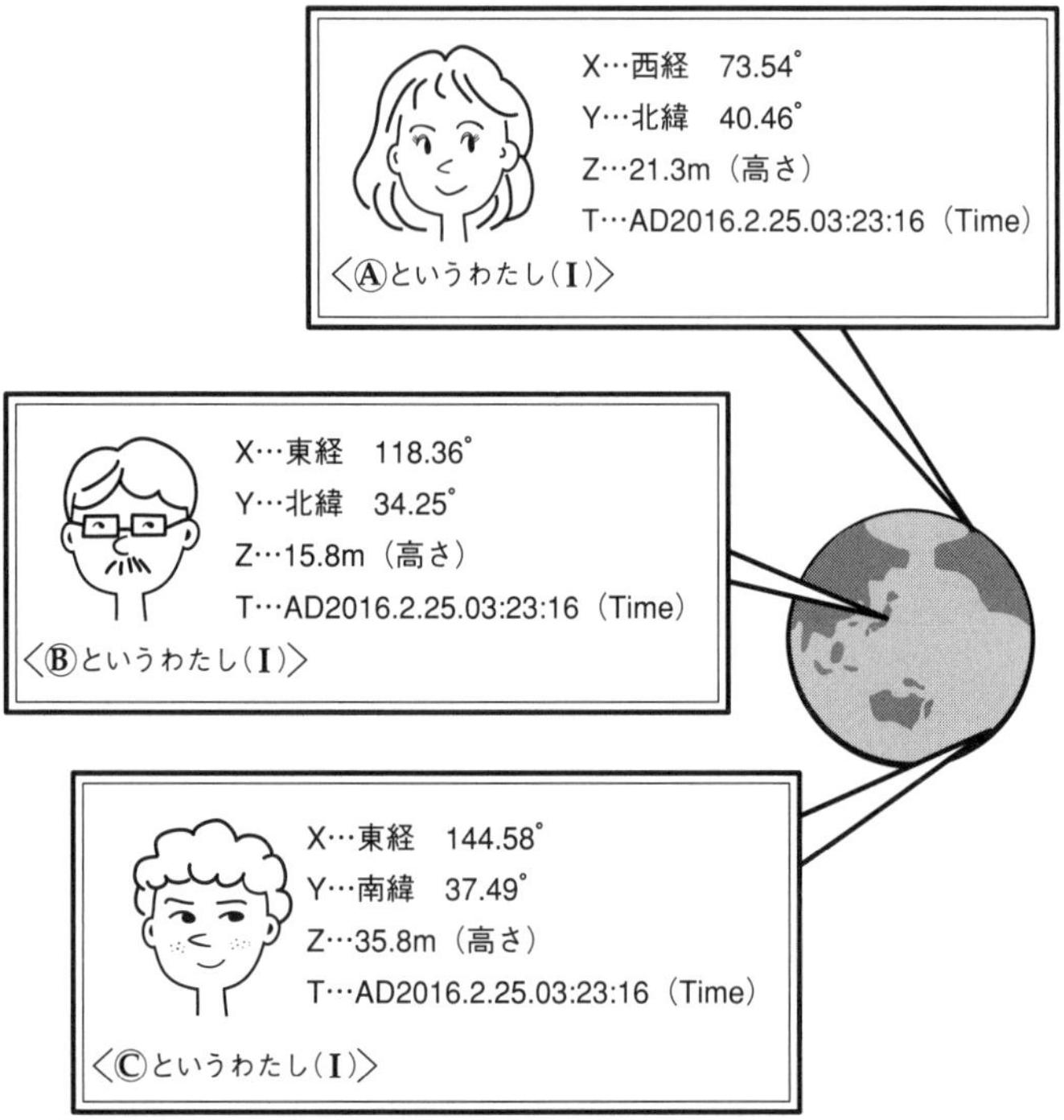

それぞれが「わたし（I）」として存在し、「わたし（I）」を経験している

BASHAR それが「個」としての重要性です。

みつろう この世界で、他の誰かと同じ風景が見れることなんて、絶対にない。たとえ誰かが、僕がどいた後に、まったく同じ位置に目を置いても、時間軸の数値が違うもんね。

だから、世界中にいるすべての「わたし（I）」が、今、いかにかけがえのない存在なのかが、わかるよね。

「The One」の中で、今その場所を観測できるのは、「その人（I）」だけなんだから。

BASHAR すべての存在は、「大いなる私」のひとつの視点として、「わたし（I）」を経験しているのです。

みつろう この「わたし（I）」だけじゃなくて、「あなた（I）」も「そなた（I）」も「どなた（I）」も、すべてがこの座標値で表せる。

要するに、本当は「たった一者の私」が、この3次元世界を観測するために、座標を持って現れた。それが、別々の小さな「わたし（I）」たち。だから、さっきからバシャールが表現している、「All That Is（すべてなるもの）」ってのは、すべての瞬間、すべての場所にいるこの「わたし（I）」たちの集合体のことだよね？

BASHAR そうです。

みつろう ちなみに、時間軸Tのパラメーターが変わるから、今のこの瞬間の「わたし（I）」と、次の瞬間の「わたし（I）」は、本当はまったく違うもの。「わたし（I）」と「あなた（I）」くらい、違うんだよね（笑）。

BASHAR ええ、全然違います。

みつろう 同じにしか思えないけどね（笑）。さっきの俺と、今の俺は別人かぁ……。数値の変化量は同じなのに、「さっきのわたし（I）」の方が、目の前の「だれか（I）」よりも愛おしい（笑）。数値の変化量は一緒なのに。XYZTの座標値の、T（時間）が違うか、XYZ（タテ・ヨコ・ナナメ）が違うかだけの違いなのにね。っは！今思ったけど、むしろ、この地球上の70億人の私たちは、みんなTの変数は一緒だから、なんだか愛おしいね！

BASHAR そうです。同じ時を共有している私たちです。

みつろう すっげー！ みんな、仲間じゃん！ 緯度も、高度も違うけど、時間軸Tの数値は世界中みんな一緒！ 同じ、T！ ウィーアーザT～♪ウィアーザワールド♪ ほら、マイケルが歌い出しそう！

BASHAR ちなみにこのシリアルナンバーは、パラレル・リアリティの観点からすると、別の要素を加える必要があります。X、Y、Z、T、P（Parallel RealityのP）です。

みつろう まぁ、次元を増やせば座標値が増えるわけだから、変数はきっとたくさんあるんだろうね。
でも、ナンバーはいくらでも増やせるけど、結局は「The One」というものが自分自身を知るためには「観測」が必要で、そのために無数の「わたし（I）」に分離したんだよね。
ひとつのままじゃ無理だから。だからきっとこの「The One」っていうのは……、

すべてが始まる前に「The One」がある

BASHAR （会話をさえぎって）ちょっとお待ちください。

「The One」を例えるのに、とても良い例えがあります。

「大いなるすべて（All That Is）」が中央制御室でいろいろなスクリーンを見ている、いろいろなパラレル・リアリティを経験しているという例えで行くと、モニターのスイッチを全部消して、電気も消して寝に行く。すると、それが「The One」です。

みつろう ああっ！　それ今、ちょうど言おうとしてたのに！

BASHAR 知っています。だから、言ったのです。

みつろう　まったく同じ例えで言おうとしてた。『観測』が始まる前、僕たちは何でもない「The One」だった。ところが、観測が始まった瞬間に、まず「観測者」が現れた。

BASHAR　「大いなるすべて（All That Is）」は「The One」の一側面です。「The One」は常に存在しています。「The One」と「大いなるすべて」は、同時に存在します。ですから、本来は観測する前や後はありません。便宜上、観測する『前』と『後』と言っているということはわかりますが。でもすごいよね。観測が行われる前を表現するために、「モニターを消す」って、

みつろう　まさに言おうとしてたから。

BASHAR　今同じ波長にいるので、同じ思考を同時に持てるのです。これがテレパシーです。

みつろう　なるほど。テレパシーって、手段じゃなくて〝状態〟なんだね。「言いたいことを相手に伝える」手段じゃなくて、「同時に同じことを考えてしまう」状態のこと。

でも言いたいことを先に言われちゃうと、悔しいね（笑）。さっき確かに、「画面がバッと消えさえすれば、「大いなるすべて」から「The One」の説明になるんじゃね？」って思った。そっか、それがこの部屋の共通した波長で、それを同時に2人で解釈してたんだね。

BASHAR そうです。共通の状態を解釈したのです。そして、電気が消えるだけではなくて、寝に行かないといけません。

みつろう そうだね、消灯だけだったら、まだ「観測者」がいるもんね。修学旅行で先生が部屋の電気を消しても、小学生たちは布団の中で意識ビンビンだから。『観測』は止んでいない。

『観測』というのは人間で言えば、見る、聴く、嗅ぐ、触る、味わうの五感だけど、それらを行使する前の状態になるわけじゃなくて、観測者すらいない状態が「The One」だもんね。

BASHAR ある言い方をすれば、「The One」というのは、「意識がない状態だ」と言うこともできます。

みつろう　そうそうそう！　君、やるねぇ。僕も同じこといつも言ってるよ！　名前、なんていうの君？「バシャール」かぁ。いいセンス持ってるよ、きみぃ。

BASHAR　ありがとうございます。

みつろう　なんでこんな偉そうにしてんだろ、俺（笑）。ごめんね。冗談だよ。

BASHAR　大丈夫ですよ。

みつろう　僕はよく、「今」というのは意識のことだと説明している。

BASHAR　「今を認識できている」ということですね。意識というのは、今のこの瞬間に、自分に気がついている状態のことです。ですから、「The One」には「自分」という意識がありません。

みつろう　量子力学で言えば、「観測が行われる前、そこには、そこすらなかった」と。

BASHAR　彼らの言い方は私たちには理解できますが、本当は観測者が存在する「前」ということ自体がありえないのです。ですから、ある種の説明、表現の仕方です。すべてが無限の領域（ポテンシャル）にありますが、その観察者がいないと無限の領域を経験することはできない。量子力学ではそれを言っているだけです。

観測をすることで、このポテンシャルが経験に結晶化するのです。

みつろう 量子力学では、「観測することによって、波を収束させる」という言い方をしますね。

波動関数っていう難しい計算らしいけど、『観測』が無限の可能性をひとつに収束させる。

『観測』するまでは、無限の可能性が確率分布として存在しているだけなのに、『観測』するとたったひとつの『現実』が目の前に現れる。

すべての3次元立方体現実が同時に存在している次元から、3次元に入るとたったひとつになってしまうみたいな。そして、そこに初めて「わたし」が現れることになる。『観測』が「わたし」を生むんだよね。

BASHAR そうです。観察、観測とは何かが反射《リフレクト》していることを認識している、ということです。

みつろう だから、「わたし」が現れる前に世界はひとつで、「わたし（I）」が世界を3つに分けるんだ。「見るもの（I）」と「見られるもの」が「見る」という行為をつくる。

BASHAR 実際は、「わたし」も、「私が観測しているもの」も、「観測」というものの一部ですね。

別の見方からすると、「観測」というものがなければ、「観測者が観察している対象」もないと言えます。

「The One」と「All That Is（大いなるすべて）」と「I（わたし）」とは

The One

「観測」が行われる前の状態。
言葉にできないが“在る”が近い。

All That Is
（大いなるすべて）

分離後の観測者。
すべての次元の「わたし」を観測する者。
永遠の観測者なので観測されることはない。

I
（わたし）

３次元現実で座標を持った私。
通常の人間が私だと思っている肉体の私。

デュアリティではなく、世界はトリニティ

みつろう そう。この3つの要素は、同時に生まれるんだ。だから僕は、スタートは「3」だといつも言っている。ナンバーの始まりは3。「The One」に分離が起きて「観測する者」と「観測されるもの」が現れると同時に、「観測」という行為を「The One」は手にする。

BASHAR そうですね、すべてが3つです。

現実は、二元性、つまりデュアリティではなく、「トリニティ」なのです。

3つがひとつになっている。二元の世界ではありません。ネガティブ、ポジティブ、中立のトリニティです。

みつろう　今日本では、「ノンデュアリティ（非二元）」って言葉が流行っているけど、そもそも二元なんてない。物質界の始まりは、トリニティ。もちろんこれは「見る」だけじゃない。

「聴くもの（I）」と「聴かれるもの」が分離したと同時に、「聴く」という行為を獲得する。

「さわるもの（I）」と「さわられるもの」で「さわる」という行為を獲得する。

すべては3つがセットで同時に現れる。その前に1と2というものはない。


BASHAR　イエス、イエス、イエス。

すべてトリニティ、3です。創造とは3つが構成要素なのです。ただし、ほんの少しポジティブの方に傾いています。なぜかというと、「ポジティブ」にいると「中立」と「ネガティブ」を選ぶことができる。

「中立」にいると、「ポジティブ」と「中立」と「ネガティブ」を選ぶことができる。

「ネガティブ」にいると「ネガティブ」だけを選ぶからです。

従って、創造はほんの少しポジティブの方向に傾いています。ポジティブに少し傾いていることが、時間のベクトルを体験することを可能にします。

時間にもポジティブ、中立、ネガティブがあり、時間もややポジティブに傾いてつくられていくので、皆さんの現実では時間は先にしか進まないと感じます。

本当は、時間は後ろに進むこともできます。

みつろう これはすっごい良い情報だね。少しだけプラス方向に傾いているから、時間は進むのか。とにかく、物質界の最初は3。原子核の世界でも最初に3で安定する。身の回りのわかりやすい話で言うと、イスの話。イスは2脚でも、1脚でも立たない。3つの脚で初めて、イスは安定する。

BASHAR そうです。この物質次元の安定する基本的な形が三角形なのです。

2次元では三角形。3次元では正四面体です。物質現実の基礎となるテンプレートです。

ですから、亜電子であるクォークは、3つがひとつの単位になって出てきます。

私たちの宇宙船も三角形になっているのは、そういうエネルギーに入りやすいように三角形にしているのです。

みつろう 僕らのリアリティに？

BASHAR そうです。そして3次元だけではなく、別の次元にも入りやすいように。なぜならば、どの次元でも3つが基本になっているからです。

みつろう 僕が「みつろう」というペンネームを付けたのも3の「みっつ」から来てる。まぁ僕はまったく安定してないけどね（笑）。

BASHAR 私たちは第3世代のハイブリッドの種族です。

みつろう なんか、「3」自慢大会になって来たね（笑）。ちなみに、神話にもよく3が出てくる。それに、オリオンにも3つ星があるし、ピラミッドもそれに対応して3つでできてる。「太陽」、「地球」、「月」も合わせると3つ。

BASHAR そうです。キリスト教だったら、父と子と精霊という三位一体があります。いたるところに3が出てきています。

３つの関係性にある主体と客体の概念

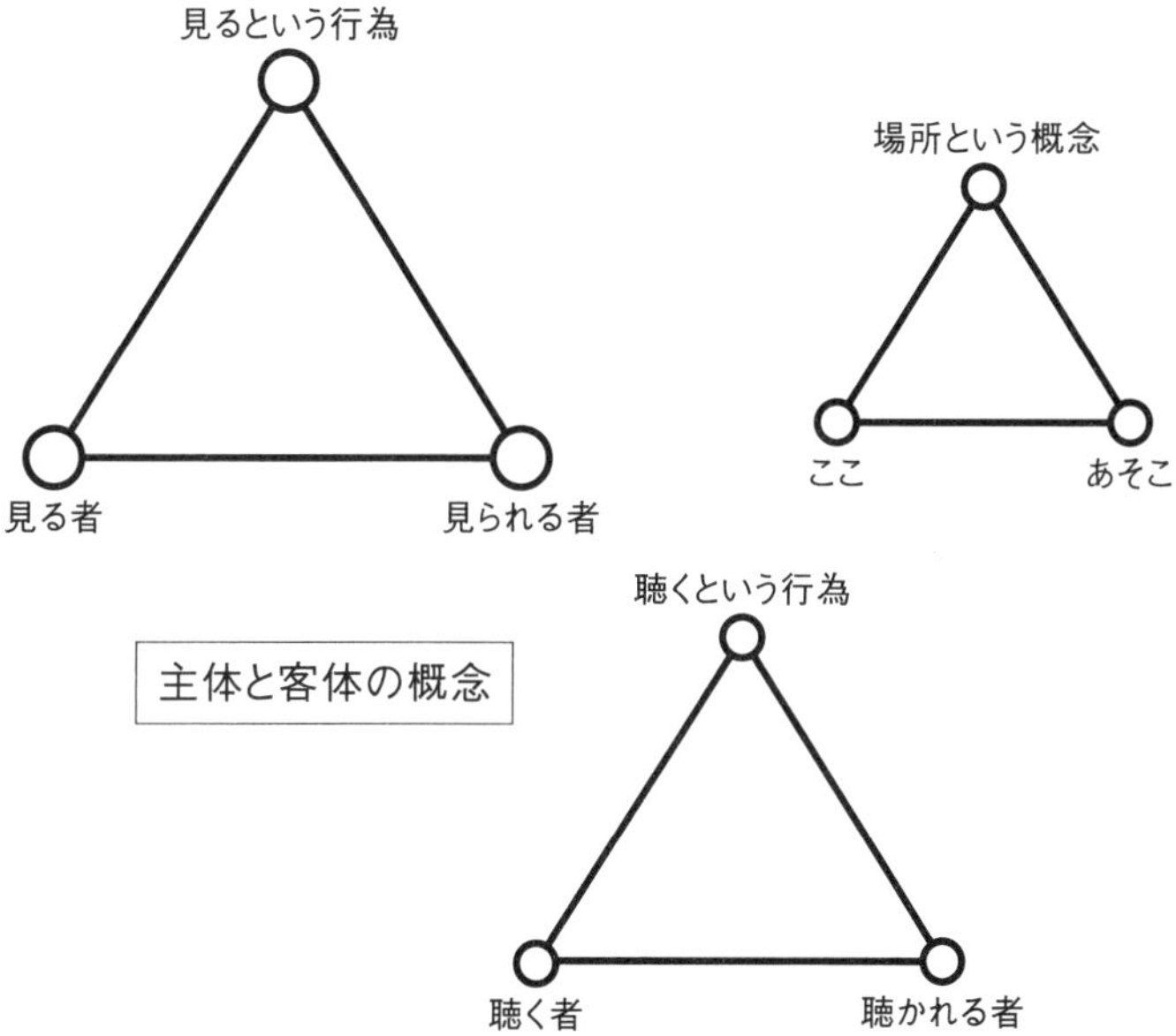

3つ目がルールになる

みつろう

「わたし」という現象が起こっている場所には、いつでもこのトリニティが存在する。

3つの要素。まずは、見る側、聴く側、触る側……の主体側が「わたし（I）」になる。これが観測者。そして、見られる側、聞かれる側、触られる側のいわゆる観測対象物が『現実』になる。そして、この分離によって得られた、「見る」「聴く」「触る」などの、行為や現象が第3極になる。この3つ目は、「概念」や「説明」や「ルール」とも言える。

BASHAR

「観察する」という体験そのものと考えてもいいですね。

みつろう

行為、概念、説明、ルール。体験。そうだね。3つに分かれる前は、「The One」だった。「The One」は自分自身を知りたくなって、「見るもの（I）」と「見られるもの（現実）」を分けて「見る」という体験を獲得したんだ。

神さまが見た夢が、「あなた」

BASHAR　この3つは同時です。

みつろう　そうだよね。今地球上の99%の人間は、先に現実があると思っている。「世界」が先にあって、その中に「わたし」が生まれたと。

順序で言えば、目の前に先に「現実（見られるもの）」があって、それを「わたし（I）」が見ていると。ところが量子力学とか引き寄せの法則とかを学ぶと、「わたし（I）」が「目の前の現実」をつくり上げていると教えられる。順序が逆転したんだ。「見るもの（観測者）」が先で、「見られるもの《現実》」をつくり上げたと。

この宇宙や世界にあふれているトリニティ

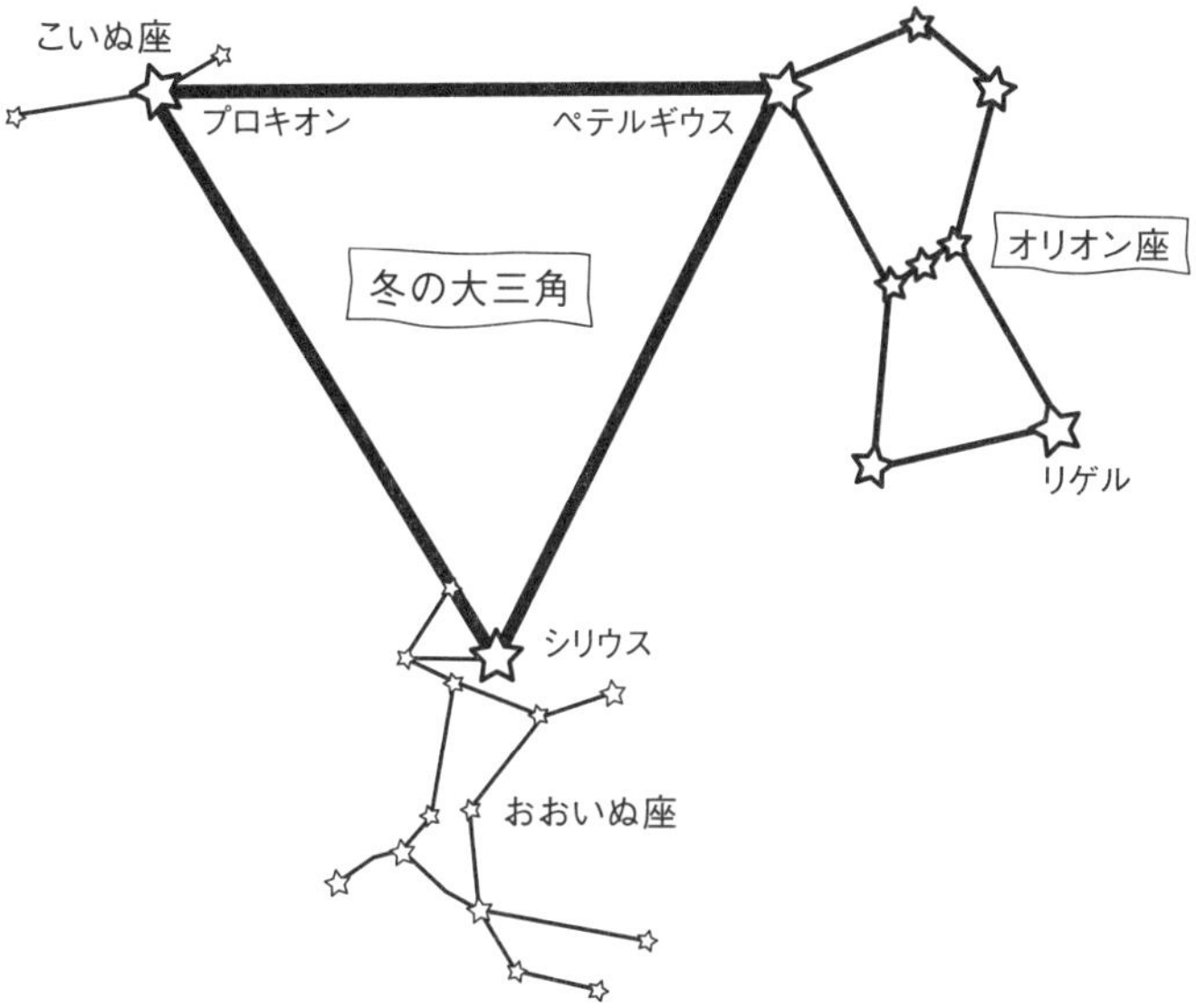

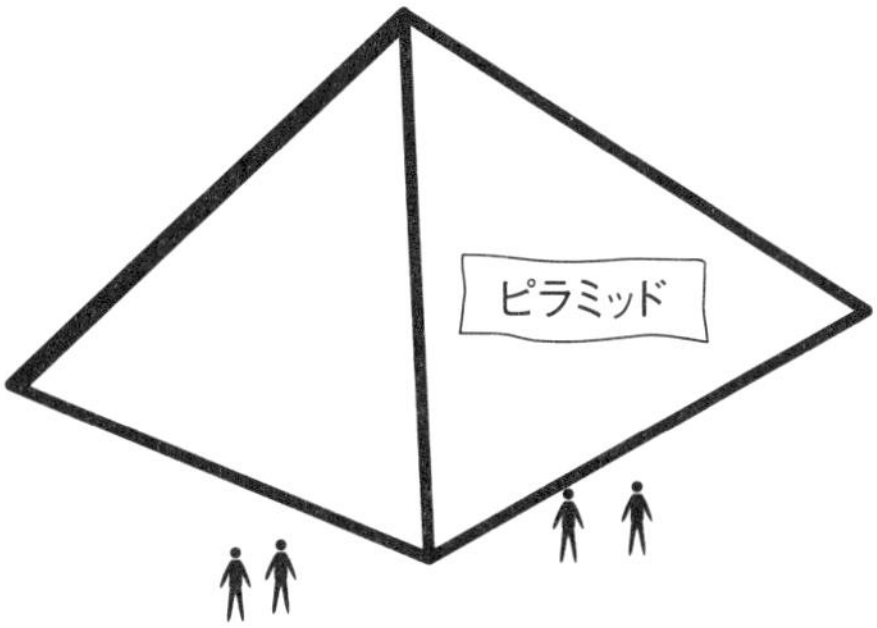

この世界にはトリニティ（三角形）がたくさん

でも、真実はそれとも違う。「見るもの（わたし）」が、「見られるもの（現実）」を生んだのでもないし、「見られるもの（世界）」が先にあって、その中に「見る者のわたし（I）」が生まれたのでもない。

BASHAR 「The One」が「体験」するため、この3つに同時に分離した。

みつろう はい。地球の神話にはすべてこの3の概念が出てくるという話を先ほどしましたね。

BASHAR 神話の話が出たけど、多くの人間が抱く「神さま」という概念にも誤解があるよね。一神教なのか、多神教なのかで争っている。でも、それは一神教でもあり、多神教でもある。だってすべてが「わたし」なんだし、私はそもそもひとつしかないから。ものすごいパラドックスだよね。そりゃ、宗教戦争も起こるよ。

みつろう 「The One」に外側などあり得ません。

BASHAR そう。だから、もしもあれが「神さまだ！」と言ってしまったら、言ってしまったその人自身が、神さまの外側にいることになってしまう。でも、その「指さした人」も、「指さされた人」も、「神さまだ！」という音も含めて、神さまなわけだから。3つで神さま。

BASHAR だから、私たちも「大いなるすべて」という言い方をするのです。

みつろう そう。「神さま」と表現した瞬間に「The One」は壊れる。だから、「The One」は説明もできず、呼ぶこともできず、ただ在るものだね。とにかくその、「The One」の夢が、「わたし（I）」という存在なんだよね。だから、「わたし」であるというだけで、宇宙一の夢が常に叶い続けている。神さまが見た夢、それが「わたし（I）」だから。

「悟りは起こせる」と、
気づけるか？

起こるすべてが、きっと良いこと

みつろう 観られているDVDの中の「わたし（I）」、無限のDVDを選ぶ鑑賞者「真の私」、分離する前の「ひとつなるもの」。ここまで長くなったけど、「私」の定義付けが、「The One」「All That Is」「I（アイ）」に集約できそうだから次のトピックへ。

DVDの中の登場人物である、この3次元立方体現実地球に閉じ込められた「わたし（I）」は、目の前の「現実」をコントロールしたいと思ってしまうけど、不可能だよね？

BASHAR それは笑うべきことですね。

みつろう　だって「わたし（I）」という登場人物が、【「コントロールしたいな！」と思う】、ということも含めて、すでにDVDの中にストーリーが決まっているから。

「主人公は、現実をコントロールしたいと奮闘した」というDVDを「All That Is」が見ているんだもんね。だから、このDVDを見れている時点で、「The One」の夢が叶っている。DVDを見ることが、「The One」の夢だった、みたいな。

BASHAR　普段自分だと思っている、この「わたし（I）」が何を思うかは、すべて決まっている。「○○したい！」という自由意思は、すでにそう思うことが決まっている。要するに、決定論の中で、自由意思が湧いている。

エゴがコントロールしようとしている、というよりは、ネガティブなエゴがコントロールしようとしている、ということです。

エゴは、「すべてがコントロールできている」ということを知っています。でも、ネガティブなエゴは、すべてがコントロールできているということを知らないので、コントロールしようとしてしまうのです。

みつろう 目の前の『現実』は、「すでにコントロールできている」と気づけるか、「コントロールできていない」と幻想を見るか。だから、起きているすべてを信頼するのが一番だよね。この状況を望んだ私（All That Is）の夢が、今叶っているんだから。たとえ「わたし（I）」が、「現実をコントロールしたい！」と騒いでいたとしても、その【騒ぐ「わたし」】というDVDを見たいからこそ、「All That Is」は【このDVD】を見ている。だから、騒いでいたって、苦しんでいたって、たとえ何が起きていたって、大丈夫。「起きている」ということは、【DVD】が再生されているということで、ということはすなわち、本当の私（All That Is）が望んだのだから。

BASHAR そうです。起きたこととの意味が「わたし（I）」にはわからなくても、「起きたことには、必ずポジティブな意味がある」というスタンスでいると、必ず何らかの学びや恩恵を得ます。

たとえ、いやな事が起きたとしても。

みつろう この「わたし（I）」というのは、いつだって現実を判断する者だし、それが役目。でもこの主人公が、「良い」と言っているか、「悪い」と泣いているかは、DVDを観ている者には重要じゃないよね。泣ける映画も、ホラー映画も、今日もTSUTAYAでは大人気だから。

BASHAR そうです。「わたし（I）」はただ、「良い」「悪い」と定義づけているだけなのです。本来は起こる出来事に意味はありません。ニュートラルです。

みつろう だから、「ポジティブに思い込もう！」っていうのもわかるんだけど、別に「The One」にとっては「ポジティブ」も「ネガティブ」もすべての経験は同じ価値だから……（「The One」と聞いてすぐに）。

BASHAR 「All That Is（大いなるすべて）」ですね。正確にいきましょう。

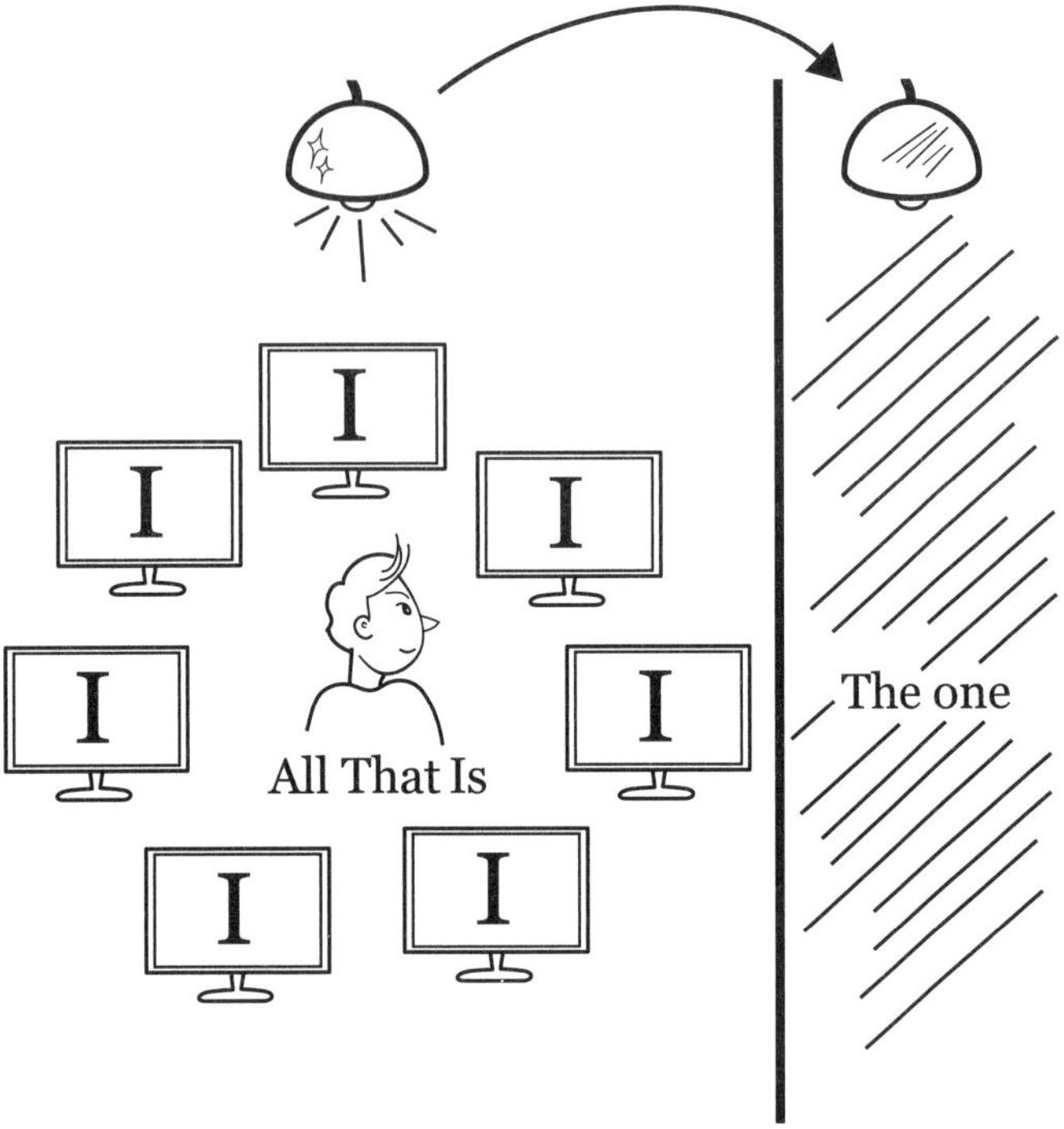

「All That Is（大いなるすべて）は、さまざまな「わたし（I）」を見ている。けれども、部屋の電気が消えると、そこには何もない「The One」だけが存在する。

「大いなるすべて」の経験は終わらない

みつろう そっか。「All That Is」からしてみると、「わたし（I）」にとってのネガティブも、ポジティブも、すべての体験は同じくらい貴重だよね。だってこの「All That Is」がすべての体験をしているんだから。

BASHAR 違います。「大いなるすべて」がすべてを体験しているのではなくて、「大いなるすべて」がすべてなのです。思い出してください、存在の構造は変わりません。けれども、構造の経験は常に変化するのです。「大いなるすべて」は、すべてであり構造でもあります。

しかし、経験は決して終わることがないので、「大いなるすべて」の経験も終わることはありません。

もし、「大いなるすべて」がすべての経験をし終えたら、すべてが停止します。

でも、「大いなるすべて」が「すべてある経験」を経験することは決してありえません。

つまり、終わることがないのです。

みつろう 脳内、またもやパニックだよ（笑）。

BASHAR では、例えてみましょう。あなたは部屋にいて、部屋にドアがあります。

あなたは、部屋の中で体験しつくせることを全部体験します。

そして、そこにドアがあることに気がつきました。ドアを開けてみたら、廊下があった。

今度は、廊下で体験できることを全部体験します。ところが、またもうひとつドアがあった。

そこで、ドアの向こう側の世界を体験しますが、どこへ行っても必ず別のドアがあります。

みつろう わかりますか？

BASHAR 「経験」が「経験」自体を、経験し尽くすことはできないってことか。

ドアや廊下や部屋というのは、すでに存在しています。

そして、そうした場所を通過しながら体験をすることを、永遠に続けることができます。

みつろう 経験者である「All That Is」は、今すべてのパラレル・リアリティを同時に経験中なのだから、「All That Is」が唯一まだ体験していない体験を、この「わたし（I）」が今していることになる。

今ここにいる「わたし（I）」というものは、「All That Is」が体験している私だから。

BASHAR はい。

みつろう じゃ、「All That Is」にとって、この「わたし（I）」は考えられないくらい大切なモノだよね。

BASHAR 重要でなければ、あなたは存在していません。偶然存在しているものはないのです。

もし、あなたが存在していなかったら、「大いなるすべて」は「大いなるすべて」ではなくなってしまいます。

欠けることができないから、あなたは存在しているのです。

みつろう じゃあ、もっとVIP待遇を受けたいもんだよね。

この愛おしい「さとうみつろう」さんに。まぁ、きっとVIP待遇を受けてるんだろうけど。

とにかく、すべての〝存在〟というのは、ものすごく価値がある。

BASHAR もちろんです。

みつろう 「All That Is」にとって、初めての経験を今、してあげているんだからね。

BASHAR はい、そうです。

みつろう ということはやはり、「わたし（I）」というのは、「All That Is」の夢を叶えている存在だとも言えるよね。

BASHAR そうですね。

みつろう まぁでも、僕が何を思うかというすべても、もう決まっているんだもんね。

「大いなるすべて」は たくさんのことを経験したい

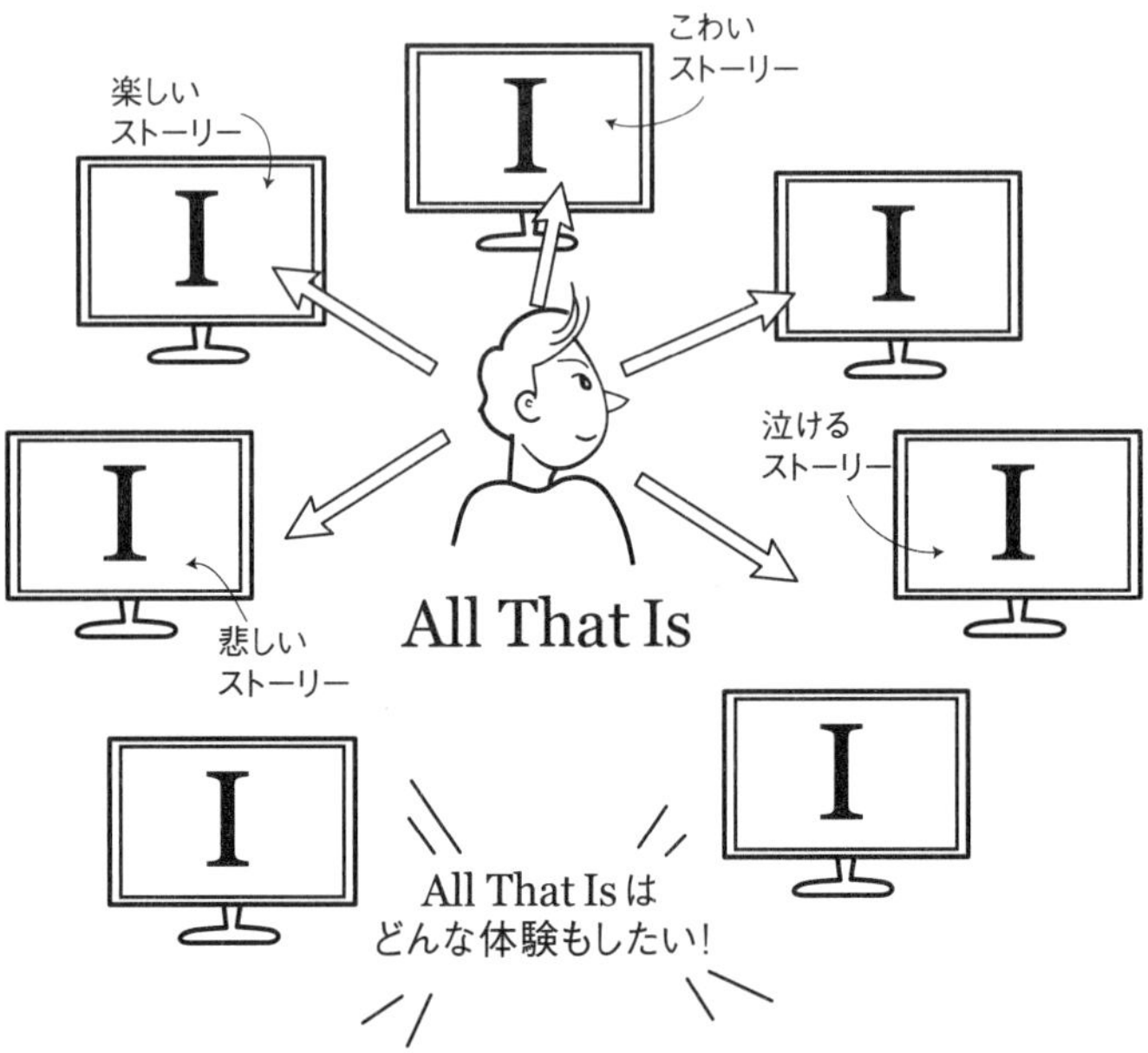

「大いなるすべて（All That Is）」は、あらゆる経験をしたい。「大いなるすべて（All That Is）」にとって、それが楽しい経験や辛い経験であるということに意味はない。

自由意思さえも「大いなるすべて」の意思

BASHAR あなたは、物質次元で人生を送ることを、あらかじめセットアップしてきました。
ただ、人生をどう体験するかについては、自由意思があります。
なぜならあなたの意思は、そのまま「大いなるすべて」の意思だからです。

みつろう 「わたし（I）」には自由意思はなくて、すべての私、つまり「大いなるすべて（All That Is）」に自由意思があるんだよね？

BASHAR 「これ」か「あれ」か、ではなくて、「これ」と「あれ」なのです。
あなたは「大いなるすべて」の独特な側面ですから、「大いなるすべて」は、あなたの決定に反対することはありません。

なぜなら、あなたの自由意思は、あなたの独自性と沿っていて、「大いなるすべて」はそれを「あなた」として体験をしたいと思っています。

ですから、「大いなるすべて」の自由意思とあなたの自由意思は同じで、矛盾はありません。わかりましたか?

みつろう この「わたし(I)」に浮かぶ意思は、「大いなるすべて」の意思だからどっちにも自由意思があるってのはわかる。

ただ、ネガティブなエゴが、「こんな現実は望んでない」と言ったとしたら?

BASHAR それでも、選んでいるのです。

ネガティブな現実を自分で選んだことを、ネガティブなエゴが否定しているだけです。

みつろう だよね。その場合、「自分で選んでおいて、自分でそれを否定する映画」を観て楽しんでいる状態だよね。自虐映画とでも言うか(笑)。

だから、結局この次元の「わたし(I)」からすると2つの道がある。

ひとつ目は、「これは自分が望んだ現実だ」とちゃんと認識すること。これは「感謝」と呼ばれている状態。

2つ目は、「こんな現実は、自分は望んでいない」と不平・不満を言う状態。

どちらも、本人が創造したものであることには間違いありません。

意識的に選択したわけでないにせよ、本人のパーソナリティから生まれてきたものです。

BASHAR その状況を変えるための最初のステップは、まず、自分がこの現実を創造したことについての責任を引き受け、自分のものにするのです。

自分のものにできないものは変えられません。わかりますか？

みつろう そうだよね。結局のところ、「わたし（I）」と、「All That Is」のベクトルが一致している時に、「感謝」という感情が湧くんだよね。「あ、これは私が望んでいたことだ」と気づいたら、誰だって感謝するもんね。現状を受け入れるか、受け入れないか。

さらに言えば、「わたし（I）」と「All That Is」が分離していない状態の時に、感謝というエネルギーが発生する。

BASHAR はい、通常がそうです。

みつろう それに対して「不満」のときの、あのイライラ感のようなネガティブな感情は、「大いなるすべて」との間に分離が起こっているわけだから、ソースと離れて安心するエネルギーが少なくなった状態とでも言うか……。

BASHAR はい、そう考えて結構ですが、実際には分離しているということはありえません。

みつろう そう、分離という幻を観ている。

BASHAR 「分離している」と思っている人は「分離」という幻想の経験をしているのです。これも大切な「経験」ですね。ただし、「自分は分離している」という経験をするためには、分離していては経験できないのです。そこがパラドックスです。

「わたし（I）」と
「大いなるすべて（All That Is）」の関係

「わたし（I）」と「大いなるすべて（All That Is）」のベクトルが一致しているときに、感謝が生まれ、ベクトルが一致していないと不満が生まれる。

「The One」は「ただ存在しているもの」

みつろう つながっているからこそ、体験できるんだもんね。「離れている」という幻の想像が、2つの間を糸でつないでいるみたいな。「あの人と、離れているだろう……」という想像の中には、思いっきり「あの人」が存在しているもんね。

BASHAR すべてのものが「今」存在しています。「今」しかありません。

思い出してください。「The One」は、経験することができないのでしたよね？

だから、自分に反射《リフレクト》してきたものが意識です。

「The One」は自身を認識できません。なぜかというと、比較する対照がないからです。

別の存在ができて初めて、別の存在と自分を比べて「違う」と、自分自身を認識できます。その認識が意識のことです。つまり意識とは、「自らを反射している存在」のエネルギーとも言えます。わかりますか？

みつろう 意識がないときに「The One」。

BASHAR 「The One」は気づきを持てません。そのことを体験することすらできないので、自分が存在していることもわかりません。だから意識がなくなるということも不可能です。「あなた」は、必ず意識によってできていて、いつでも存在しています。存在しなくなるということは不可能です。完全に意識がなくなるということは、ありえません。わかりますか？

みつろう やっぱり難しいね、「The One」は。「The One」は「The One」であるがゆえに絶対に説明はできないもんね、原理的に。

BASHAR そうです。一番近い表現は、「ただ存在しているもの」です。

自分の本質に〝ゆだねる〟と悟りは起きる

みつろう 「在る」ということね。悟りの世界でよく使われる言葉だよね。

BASHAR （日本語で発音しながら）「サトリ」、わかります。

みつろう 悟りは自然に起こるものだから、「わたし（I）」には自発的に起こせないものと言われている。まぁそもそも、「わたし（I）」には何ひとつ起こせてないんだけどね。このDVDの中で何が起こるかは、もう撮られて決まっているんだから。

BASHAR でも、悟ることを許すことはできます。

みつろう それを許す存在は誰？

BASHAR 誰でもです。

みつろう　それは、「わたし（I）」なのか、「大いなるすべて」なのか。

BASHAR　自分のエゴとハイヤーマインドの周波数が調和されれば、悟りは起きます。それは皆さんが、「ゆだねる」と呼んでいるものに似ています。
「大いなるすべて」の波動がその人のパーソナリティを通して表現されていますが、どのような表現であれ、それにゆだねるということです。

みつろう　さっき話した、「絶対感謝」の境地だよね。
特定のモノに感謝するんじゃなくて、目の前で起こっていることのすべてを「認める」。
ありがたいなぁと。僕もたまにその感覚になった時に、無性に感謝したくてたまらない状態になる。誰でも良いから、とにかく「ありがとう」と言わせてくれ！みたいな。
ほぼ変質者だよね。「わたし（I）」と「All That Is」が調和すると、感謝したくなる。

BASHAR　一人ひとりは、「大いなるすべて」が表現されたものですから、その表現を許すことは、その人の本質にゆだねていることと同じことです。だから自分の本質にゆだねると悟りが起きるのです。

また、悟りとは、「あるがままに見る」ということもできます。幻を見るのではなく、物事をありのままに見る。それが悟りです。存在の本質を見るのです。

みつろう 悟りを許すことができるって言っていたけど、バシャールからのアドバイスはある？

BASHAR すでに何度もお伝えしたように、自分が最も情熱を感じることを、能力の限りに行い、特定の結果に固執しないことです。

すると、自然と存在の本質が見えるようになり、悟りに近づけるでしょう。

なぜならば、最も情熱のあることをしているときは、自分の本質に正直になっているからです。

自分の本質に正直でいるときは、創造との調和がとれています。

創造と調和されている状態において悟りとは、物事の見え方であるといえます。

そのときは、物事をより明確に見ることができるようになるでしょう。

それは、例えて言うなら、山の頂上にいる方が、山のふもとの谷より遠くまで見渡せるのと同じことです。それが悟りです。だから地球のいろいろな国において、悟りは山頂に例えられることが多いのです。わかりますか？

悟ると自分という感覚が拡大する

みつろう　僕はこの「わたし（I）」を目一杯に生きているんだけど、悟ると「私」を失うという誤解がある。

BASHAR　いいえ、そんなことはありません。失うというより、「私」の感覚が変わるのです。

ただし、それはもう、自分自身にフォーカスを向けていたものがなくなるかもしれません。

逆に、自分という感覚はもっと大きくなります。

自己中心的ではなくなりますが、やはり自分という視点から物事を見るので自己という感覚は残ります。

ですから、悟っていない人は、「これが私です」という表現をするかもしれませんが、悟った人は、（手を大きく広げて）「これが私です」と言うでしょう。「私はすべての人であり、すべての人が私です」という感覚です。

視野は大きくなっても、自分の視点を失うわけではありません。皆さんの星では「大いなるすべて」と一体になる、あるいは、「神とひとつになる」という表現が使われますが、自分の視点を失うわけではありません。

「大いなるすべて」や神の視点から物事を見られるようになるのです。わかりますか？

みつろう 今の時代って、そのように視点が大きくなっている人がこの地球上で増えてきてるのかな？

BASHAR はい、そうです。

みつろう そして、これからも、どんどん増えていく？

BASHAR はい、そうです。

みつろう　そうなると、最終的に皆が「わたし（I）」という感覚以外で生きるようになる？

BASHAR　今、地球に生きている人が全員悟るというわけではありませんが、そのうちいつか、その地球上に生きているすべての人たちが全員悟っているという地球が誕生します。

悟らないという選択をした人たちは、自ら選んだバージョンの地球、彼らのパラレル・リアリティで暮らすことになります。

みつろう　今話している〝悟り〟という意味において、バシャールの住む星の人は皆悟ってるの？

BASHAR　はい、そうです。

みつろう　まじかぁ。ブッダとかイエスだらけの星に住んでいるってこと？

BASHAR　はい、全員そうです。

みつろう　地球でバンバン奇跡を起こしてた人たちだよ？

BASHAR　奇跡とは、本来は物事の自然の秩序です。それがただ目に見える形で現れただけなのです。

みつろう なるほど。

BASHAR ただし、奇跡を「体験する」ことはできません。
奇跡は物事の自然な姿なので、本当は奇跡というものはありえないのです。
奇跡こそが、本来の自然な状態です。今、この地球上では毎日のように奇跡が起きていますが、ほとんどの社会では奇跡が起きないように抑圧されています。
本来なら奇跡は、もっともっと起きていいはずなのです。

みつろう 僕にとっての一番の奇跡は、この「わたし（I）」という現象だなぁ。

BASHAR 本当はあなたたち全員が、それをこの地上での一番の奇跡だと思っています。
もちろん、それぞれが自分という奇跡をどの程度表現しているのか？という違いはありますが。

人は死ぬとどうなるのか？

みつろう　「私」という感覚が広がるってのは、「死」と似ているのかな？

そもそも、死んだ後に個人という意識はあるの？

僕の考えでは、もっと大きな意識に吸収されるから、「個人の意識」はなくなるんじゃないかと思ってるんだけど。「真の私」は死なないけど、「わたし（I）」は消える、みたいな。

BASHAR　そうではありません。
自己という感覚がなくなったり、大きな意識に吸収されるのではなく、大きな意識が自分の一部になるのです。これについて、何を言いたいかを伝えるために質問させてください。

みつろう はい。

BASHAR あなたは、子供の頃の自分を覚えていますか？

みつろう はい。それはそれはとても、可愛いお子様でした。

BASHAR 子供だった頃のあなたは、今、大人としての自分の一部になっていますね？
もちろん、子供の頃とは違う自己像をもっていますが、子供のマインドはあなたの一部として残っているはずです。
「子供のバージョンの自分はなくなった」などとは言いませんよね？
子供時代のあなたは、大人の自分の一部になっただけです。失われたのではありません。

みつろう なるほど。

BASHAR あるいは夢を見ているとき、すごくリアルな夢で目が覚めたとします。
すると、目覚めた自分が「あ、今のは夢だったのか！」と思ったりします。
でも、あなたは夢の中身を覚えているから、それは、あなたの人生での経験の一部になるわけです。「死」とは、ある種、夢から覚めるような感じと同じです。あるいは、一種、大人になるような感じです。つまり、「子供の頃の自分」、「夢の中の自分」は自分の一部だけれども、今や、あなたはそれ以上の何かになったのです。

わかりますか？

みつろう　はい。ということは、死んだ後は、自分の記憶だけじゃなくて、他人の記憶もあるということかな？

BASHAR　そういうふうにしたければ、そうなります。

フォーカスしたければ、何にでもフォーカスできるからです。

隣人に関する記憶を憶えておくことが重要だと思ったなら、その記憶はあるでしょう。

けれども、その情報はそれほど大事ではなくなるはずです。

情報はなくなるわけではなく、いつでもアクセスできます。

ただ、子供の頃に必要としていた情報が今は必要ないのと同じように、死んだら、もう必要はなくなるかもしれません。

わかりますか？

みつろう いいや、わからない（笑）。

結局「死」も、生きている「わたし（I）」には完全に理解できる話じゃないはずだから、死んだ時の楽しみに取っておくよ。今はまず、生きることを楽しまなきゃ。

BASHAR 私もそちらの方をお勧めします。

「2つの地球に分かれていく」ことについて

みつろう 話は変わるけど、さっきバシャールは、「悟らない人たちが選択した地球」って言ったけど、パラレルな世界は選び放題なんだよね？

バシャールの昔の本に、「地球は2015年から2つのレールに分かれていき、その間の行き来ができなくなる」って書いてあった。これって、量子力学の観測者効果に反しないかな？　望んでいる「現実」を体験することができなくなる、って言ってるんだから。

BASHAR まず、パラレルな世界が選び放題、という件について、それは正しいのですが、よりネガティブな現実を選んでしまうと、その現実の中では、自分には他にも選択肢があるということを忘れてしまうのです。

みつろう そういう意味で、「レールが離れていく」と表現したと？

BASHAR はい、そうです。

みつろう 逆に、ワクワクのリアリティにいる人はわざわざネガティブな反対側には行かない。

そして、ネガティブな人はネガティブなことしか見えなくなる。

こうして、二極に「離れる」と？

BASHAR はい、そうです。

みつろう これも、どの次元の「私」に固定した話なのかわかりづらいけど、「1秒間に何十億というパラレルワールドを行き来している」ってさっきも話していたから、そういうレベルの「私」のことなんだね。

BASHAR そうです。

★ Keyword　バシャールの語る「レールが離れていく」ということについて

バシャールは、『未来は、えらべる！』（２０１０年刊）において、２０１０年から２０１５年までの５年間が、パラレル・ワールドへのシフトにおいて重要な時期になると語っていた。パラレル・ワールドへの分化は、その人がどの周波数にいるのか、また、そのシフトをどのように解釈するかによって、ポジティブ、ネガティブな状況もさまざまな形で体験されるようになるとのこと。

そして、独自の周波数を持ったたくさんのパラレル・ワールドは、２０１５年から年を追うごとに加速しながら、お互いから離れていき、ついには、自分の波動が選んだひとつのパラレル・ワールドしか体験できなくなるという。

自分の選んだ周波数だけの世界で生きていくことについて、バシャールは「列車がレールの上を走るさま」に例えて次のように説明している。

「分化のスピードは、２０１５年からますます上がっていきます。

それぞれのパラレルの現実の世界がどんどん離れていって、お互いがお互いを体験することは、どんどん、どんどん、どんどん少なくなっていきます。

今はまだ、すべての列車がひとつの駅に向かって走っています。

しかし、2012年からは、路線が切り替わり始めます。

そして、2015からは、今は同じ駅に向かっている列車の多くが、別々の線路を走り、別々の方向へ向かうことになります。

2025年から2035年頃までには、それぞれの線路は非常に遠く離れてしまいます。」

（『未来は、えらべる！』より　バシャール＆本田健著）

みつろう それって、どれなんだろう。
究極を言えば、「大いなるすべて」にとって、パラレルな現実は選び放題だよね。
それどころか、「さとうみつろう（Ｉ）」にするか、「山田太郎（Ｉ）」にするか、
どのＤＶＤを手にとって観るかは無数に選べる。毎瞬、無限の中から選べている
のに、「別の地球に行きにくい」状態なんて、おかしいよね。どのレベルの「私」
にとって、そうなるの？

BASHAR 今の「あなた」です。

みつろう 俺かい！ まぁ、この世界のすべては「わたし（Ｉ）」の目の前に現れているも
のだから、「行きにくい現実がある」という想いを、今、創っているということか。

BASHAR そして思い出してください。すべては今の「私」しかいないのです。
原則が、「その人に見えたものは、その人が見たかったもの」だもんね。
何を見ても、それはその人が創ったもの。だから、その人に観えている。

みつろう ちなみに、具体的なタイムラインで「２０１５年から離れていく」って表現はど
うしてそうなるの？

BASHAR 私たちは、皆さんの全般的なエネルギー状態を読みます。

それを皆さんの現実に直すと、タイムラインとして表現できるのです。

今、より多くの人が特定の方向に加速している状態をこちらで読み取って、それをタイムラインに置き換えています。例えば、あなたが車を運転しているとしましょう。

時速30マイルのスピードで走るとすると、1時間後には30マイル先に到達していますね。

ところが突然、時速60マイルに加速したとします。

そうすると、30マイルの地点に到達するのは半分の時間ですよね？

このように、エネルギーの増加をタイムラインに置き換えて表現することができます。

わかりますか？

みつろう でも、毎瞬間に「今」を創造しているんだから、確実に決まっている未来なんてないよね？

BASHAR どの「私」にとっての、未来なのかです。

結局はすべて、今のあなたが、そう解釈しているのです。

確かに、すべてのものはすでに存在しています。

だからパラレル・リアリティを進むうちに、パラレル・リアリティが離れていくわけではありません。あなたが別のコースを選んだ時に、離れていくように感じるのですが、実際はすでに存在していた別のコースを進んでいるだけです。

みつろう ということはやっぱり、「ネガティブな地球」と「ポジティブな地球」が離れていないという視点の私もいるんだよね？

BASHAR はい、もちろんそうです。

ただ、多くの人が、そのような現実に自分が存在することを計画はしていません。

あなたが想像できる、ありとあらゆるタイプの地球が同時に存在しています。

地球自体が自滅してしまったという現実もあります。

あるいは、地球が太陽系の中に最初から存在していないパラレル・リアリティもあります。

パラダイスのような地球のパラレル・リアリティもあります。

ありとあらゆるバージョンの地球が存在しています。

みつろう じゃ、やっぱここは無限でいいんだよね？

BASHAR はい、そうです。

ただ、地上の人間が探究しているテーマに関係のある地球のバージョンの数は有限です。

でも、人類にとって重要な選択肢として考えられるバージョンは、たくさんあります。

つまり、選択肢はたくさんあるものの、その人にとって意味のある選択肢からひとつの道を選ぶので、無限の中から選ぶのではなく、有限の選択肢から選びます。

ただ、その有限の数値があまりにも大きいので無限のように感じるかもしれません。

2016年秋のシフトに向けて

みつろう やっぱこの、「時間」と「私」の話は、難しいね。未来への予言なんてないはずなのに、今この『現実』に「わたし（I）」は予言を創っているんだから。「2016年の秋に何かが起こる」って最初に言っていたけど、それもはっきりと決定できているの？

BASHAR 私が皆さんのエネルギーの中にある情報を読んで、そう言ってます。

そして、皆さんが2016年の秋というエネルギー、タイミング、シフトをどのように経験したいかを選択できるように情報をシェアしています。

例えば、山頂にいる人が山を登ってくる人に対して、「そのままま っすぐ登っていくと、あることにぶちあたりますよ。それについて知りたいですか？　知りたくないですか？」と訊いているのと同じです。

皆さんが知りたくなければ、私たちは伝えなくても良いと思っています。

しかし、私たちの情報に興味のある人たちの大半が、私たちに見える「これらからやってくること」について知りたいと思っています。ですから、伝えているのです。

私たちは、私たちの周波数に似た「泡リアリティ」の中で移動している人たちのために伝えています。私たちの情報に興味のない人に伝えているわけではありません。

みつろう　結局、その情報が見えたということは、「わたし（I）」が創ったってことだもんね。

BASHAR　はい。この地球上には私たちのことを知らない人もたくさんいて、彼らは私たちが何を伝えているかをまったく知りません。

私たちの情報は、シンクロニシティ上、それらを聴く必要のある人にしか届かないのです。

ただそれだけです。必要な人に、向けられているのです。

みつろう 僕が今、2016という数字を見ているということは、僕がその世界を創ってるのだから当然だよね。

BASHAR そうです。

みつろう 要するに、今この瞬間の「わたし（I）」は、そういう『現実』を観ているってことだよね？

BASHAR そうですね、あなたは2016年を共同創造していることに気づいているのです。

みつろう 究極を言えば、「わたし（I）」にとっては、今この眼の前の世界しかないわけだから、その世界において現れているものがすべてだよね。

さっき言ったように2016という数字にすら興味のない人もいるし、地球に起こっていることに興味がない人もいる。

未来はやっぱり無限から選べるけれども、その選んでいる存在は、この「わたし

（I）」じゃないもんね。一方で、この「わたし（I）」には２０１６というナンバーが見えている。それだけだ。

BASHAR はい、そうです。

みつろう OK、じゃ、２０１６年を楽しみにしてるよ。

BASHAR はい、けっこうです。例えば、皆さんがどこか旅行をするとします。その旅行に関して、私たちに地図情報を教えてください、と言っているのです。地球上で創造されたものの中には、集合無意識というレベルから創造されたものもありますが、その集合意識という「私」が無意識につくっているものに関して、すべての人が意識的に知りたいと思っているわけではありません。

みつろう なるほど。心理学で言う、潜在意識のことだね。

BASHAR 表層意識の自分では、意識的には気づいていない行動。ですので、私たちの情報が届いていない人も２０１６年に何らかのシフトを経験するかもしれません。しかし、彼らには情報が届いていないので、一番ポジティブな形でこのシフトに対応できないかもしれません。

みつろう　このように創造には、たくさんのレベルがあります。

今の「私」の目の前に、『現実』を構築しているのは「私」だから、結局はバシャールの口を借りて、「2016年」という数字を自分で創って、自分で聴いているんだよね。

BASHAR　そうですね。あなたの現実の中で、あなたのバージョンの情報をつくっているのです。

しかしそれは、「私たち」という存在と、「2016という情報」がないというわけでもありません。あなたは、あなたのバージョンの「私たち」、あなたのバージョンの「情報」を、あなたのリアリティの中でつくっているのです。

誰もが自分にとって最も重要だと思える、自分バージョンのリアリティをつくっています。

だからこそ、同じ出来事を体験した2人の人間が、その体験について語るとき、その内容が違っていたり、矛盾した内容になったりするのです。

なぜならば、それは2人が別々のリアリティを体験しているからです。

みつろう 解釈は、人それぞれに違うんだもんね。人は、見たいように目の前の「現実」を見ているだけだから。そこが、面白いんだよね。

この多様性の世界は。人の数だけ、視点がある。

ちなみに、日本の僕の読者たちからもバシャールへの質問を募集してみたら、約千ほどの質問が寄せられた。

BASHAR 千の質問にお答えする時間はありませんが、幾つかの質問にはお答えできます。

みつろう オッケー。じゃあ、えーっとてきとーに選んで……、まずは、この質問。「大麻について」。

地球における大麻の役割

いずれ大麻の規制は緩和される

みつろう

えーっと、「大麻についてバシャールに訊いて来てください」ってだけ書いてある（笑）。

ちょっと補足すると、日本の神社では昔から「天然塩」、「どぶろく」、「大麻」、「玄米」、「湧き水」を使って神事を行ってきた。どれも人間の衣食住には欠かせない自然からの贈り物だけど、そのほとんどが戦後の進駐軍の戦略で禁止された。大麻もそのうちのひとつ。

今では「たいま」って言うと、みんな麻薬としか思わないように情報操作されているけど、日本に古来から自生する大切な植物だった。

BASHAR 大麻は、地上に生えている天然のティーチャーともいえる存在です。

この大麻によって変性意識状態となり、別の次元があることを理解できます。

これは、日本だけではなく他のいろいろな国でも規制されています。

みつろう 「大麻取締法」ができるまで、日本では規制がなかった。

BASHAR 昔の人々は、自然とつながっていることを理解していたのです。
けれども、怖れがベースになっている考え方が台頭してくると、自分の内側を見るのは怖いことなので、自分の内側を見ることにつながるものはすべて規制されていくのです。

みつろう なるほど。でも凄いよね。

たかだか50年ちょっと前にこの法律が施行されるまでは、誰も「大麻」のことを気にもしてなかった。至る所に自生していたのに。

例えば今、急に頭のおかしな人が「たんぽぽ」という植物は危険だ！　すべて駆除しよう！　と騒ぎ始めて、実際に日本の全土から「たんぽぽ」を撲滅したようなもんだよ。

毎日、「たんぽぽ」を探して、抜いて駆除する仕事（保健所）までつくってさ（笑）。

大麻については賛否両論あるけど、とにかくこの執念とパワーって凄いなと思って。

人間って、自然界のひとつの品種を根絶やしにできる。

この、大麻を規制した事件にはネガティブな勢力が関係しているのかな？

BASHAR もちろんそうです。

その勢力は、自分たちの内側を見るのが怖いので、他の人にも自身の内側を見ることを許さないのです。彼らは、当然、表向きは違う理由で規制しますが、本当の理由は自分たちの内側を見た時に、自分たちに価値がないことを発見するのが怖いのです。

みつろう そうなんだ。でも最近ではアメリカで大麻の規制も撤廃され始めた。

アルコールやタバコよりも害が少ないとして。日本でもそうなる流れなのかな？

BASHAR そのうち、地球全体がそのような動きになってきます。

みつろう じゃあ、大麻は重要な植物であるってこと？

BASHAR 大麻など天然のティーチャーは、意識と次元のことを理解するために活用できます。
ただし、最終的には自分自身で違う意識状態をつくれるようになるので、大麻のような物質はいらなくなるというのが、天然のティーチャーたちの教えの一番大切なところです。

みつろう へぇー。大麻を使わなくてもよくなる日が来るために、大麻があるんだ。

ほんと、不思議な草だね。

実際、本来自生していたという大麻と、これから規制が撤廃される大麻は、品種が違う。

それは「幻覚成分（ＴＨＣ）」の濃度を上げる遺伝子操作がされているので、僕はおかしいと思う。自然にないものは、やっぱり「不自然」だもんね。

だからこれから、大麻の規制はどんどん解除されるけど、本来の「種」が復活できるかがポイントだよね。

ちなみに、昔の人は自然界に自生している大麻を、神事などに使っていたけど、進んだ地球外生命体が人類に教えたの？　前に話していた、神さま＝進んだ地球外生命体。

BASHAR　ある程度は、地球外部の指示もあったでしょう。しかし、天然に自生していますから、自然な流れで人間が発見しました。

みつろう　なるほど。

BASHAR　大麻が重要な植物であるとされていたのは、地球外生命体との関連というよりは、変性意識状態とのつながり、別次元のリアリティを体験できるからです。

みつろう　じゃあやっぱり、大麻は「衣服」だとか「しめ縄」とかに使う目的よりも、この薬効成分ＴＨＣが重要だったのか。だから神社にセットなのか。昔の時代の、シャーマンと呼ばれる人や、霊能者なんかはみんな、野草を使って変性意識状態になっていたんだもんね。じゃあ、次の質問は……と。

地球をサポートする存在には各々の役割がある

みつろう　えーっと、日本に「引き寄せの法則」という考えを最初に伝えたのは、「エイブラハム（無限の叡智の集合体）」というアメリカにいる存在。

BASHAR　はい。

みつろう　日本ではバシャールが語ることと、エイブラハムの言っていることが似ていることからこういった存在のツートップのような感じになってる。

BASHAR　アメリカでも同じように言われています。

みつろう　質問は、エイブラハムがバシャールについて語っている動画があるらしいんだけど、バシャールがエイブラハムについて語っている動画がないので、エイブラハムを知っているか聞いてきてほしいと。

BASHAR　まず、私たちは、意見を伝えようとして活動しているのではありません。皆さんの星をサポートする多くの存在と私たちはやりとりをしています。エイブラハムもそのうちのひとりです。

今、皆さんの星の変容をサポートするために、いろいろな次元の存在と協力しています。

エイブラハムにはエイブラハムの役割が、私には私の役割があります。ときに、私たちは一緒に相談することもあります。

エイブラハムはエイブラハムの伝え方、私たちは私たちの伝え方があるのは、それぞれの伝え方を通して聞く必要のある人たちがいるからです。

みつろう　わーお。２人で相談したりもするの？

BASHAR　はい。「セス（１９６０年代から70年代を中心に活躍した存在）」とも。その他たくさんの存在とも。

みつろう　「シルバーバーチ（３０００年ほど前に地上生活を送っていたとされる存在。１

920年代から60年間にわたってメッセージを届けた）」という存在も有名だけど、この存在とも？

BASHAR はい。

みつろう みんな仲良し？　喧嘩したりしない？（笑）。

BASHAR 私たちのレベルにおいては、全員友だちです。

みつろう まじかぁ。サッカーのレアル・マドリードみたいだねその会議。あのチームは地球にあるのに、『銀河系サッカー代表チーム』って言われてるくらい、無茶なスーパースターが揃っているんだよ（笑）。銀河にサッカーなんてあるのかよって突っ込みたくなる気持ちをぐっとこらえるのに、どれほど学生時代大変だったか（笑）。とにかく、そのスーパースターたちに「ありがとう」って伝えておいてね。

BASHAR こちらからも皆さんに感謝を伝えます。

「8」は別次元へのポータルになる

みつろう じゃあ、次の質問ね。「8の仕組みについて教えてください」と。
3の仕組みはトリニティとしてさっき話し合ったでしょ？
日本の神道では、この3が陽の数、8が陰の数として重宝されている。伊勢神宮は3で、出雲大社は8。

BASHAR ナンバー8は、地球では無限のシンボルとして使われることもありますね。

みつろう 無限大って「∞」って書くからね。他には？

BASHAR 8の波動を使う方法はたくさんあります。例えば、バランスをとるために使うこともできれば、違う空間同士のコミュニケーションに使うこともできます。

「上のごとく下もしかり」ということです。

8をひねるとメビウスの輪のようになって、この次元、あの次元というふうに、8を中心として別々の次元、別々のリアリティへのポータルとなります。

瞑想においては、右脳・左脳のバランスを取るために使えます。

8の字の中間の交わるところが「脳梁《のうりょう》（左右の大脳半球をつなぐ交連線維の束）」になり、左右の脳のエネルギー・バランスをととのえることができます。

また、豊かさや拡大のシンボルとしても使われています。

ただし、バランスのある豊かさや拡大です。8という数字がどの次元において表現されているかによって、8に対する見方はいろいろと変わるのです。

みつろう　えーっと、8という数字の形についての説明はよく聞くんだけど、実際の「数」としては、説明できる？　例えば「3」という数字は、物質世界における最初の安定数のように。

BASHAR　いろいろな見方がありますが、アーキタイプ、元型というところから見ていくと、8は9のひとつ前ですね。9という数字は、サイクルの完結を意味します。

その意味において、まだ8はサイクルの完結ではなく、サイクルの完結のために必要な情報をすべて集める、ということを意味します。

8の形を見てください。

集めて、まん中に持ってくる、という形ですね。

上と下にある情報を全部まん中に集め、バランスをとり、それから新しい方向へ進みます。


みつろう 「エレクトロン・クラウド（電子の雲）」と言われる電子構造には8の形に似ているものが多いですね。

いや、だから、形じゃなくて（笑）。

そのエレクトロンなんとかって、電子の、K殻、L殻、M殻……のことかな？


BASHAR 4つの方向を倍にして、安定化させるという意味があります。

東西南北があって、さらに45度ずつベクトルが伸びていっています。

これが安定をもたらす一方、ベクトルの延長線上をたどって、違う次元や違う場所に行ける可能性があるという意味もあります。

みつろう あと、ひとつの周期を表しているんだよね「8」は。ペア粒子（2）の3乗（トリニティ）だから。3は安定を、8は周期を表していて、かけ合わせると24になるね。

BASHAR 3と8を足した11は、最初のポータル・パワーナンバーと言われています。数字の表記は言語によって違いますが、皆さんがアラビア数字と呼ぶ表記では、3という数字を鏡に映すと8になりますね。

みつろう なるほど、表と裏なんだね。

BASHAR はい、そうです。

みつろう 中国とか日本では3を陽、8を陰と言って、この世界を動かしている原理と見る。
僕はピアノを使った「カノン瞑想」という一種のヒーリングのようなものを全国でやっていて、これも8と3を組み合わせて、深い意識に移行できるように工夫してある（※カノン瞑想についてはさとうみつろうさんのブログ「笑えるスピリチュアル」を参照）。

BASHAR 3+8はポータルですが、ポータルは見ることができます。白い側には必ず黒へのポータルがあり、黒い側には、必ず白へとつながるポータルが見えています。

みつろう あの、有名な「太陰大極図」だよね。陰が極まれば陽に、陽が極まれば陰になることを表している。

BASHAR はい。どれほどネガティブな状況でもポジティブに移行することができます。

太陰大極図

陰と陽とは絶対的なものではなく、陰の中にも必ず陽が、陽の中にも必ず陰の要素が存在している。

オープンコンタクトが始まる

みつろう 次の質問は……、「宇宙人に会えるのはいつですか?」と。
さっき、違う次元へつながる変性意識を「大麻」のチカラを借りないでもできるようになるって言っていたもんね。バシャールは「2033年にはそうなっている」って確か昔言っていたと思うけど、その時期は今でも変わらない?

BASHAR 地球外生命体とのオープンコンタクトが始まる可能性が最も高まるのは、2025年から2033年の間の時期です。

みつろう このオープンコンタクトというのは難しい言葉だけど、〝公式に〟ってことね。
今でも個別に「宇宙人を見た」って人はいるけど、もうみんなで堂々と外交する？　みたいな。今はその時期に向かって進んでいるんだね？

BASHAR あなたはそのように思っていますか？

みつろう そうなってほしい。

BASHAR 自分の最高の情熱にしたがっていますか？

みつろう もちろん！　ワクワクするじゃん！　地球の歴史が変わる瞬間だよ？

BASHAR それなら、答えはイエスですね。
もし答えがイエスでないなら、このような会話にならないはずです。そう思いませんか？
なにより今、私たちとコンタクトしているんですよ。

みつろう そうだよね。バシャールはエシャカニ（※エササニという星の名前が、次元上昇でエシャカニに変わったとバシャールは伝えている）っていう星に住んでいるんだったよね？　ちなみに僕は、「大勢の人でＵＦＯを呼ぼう！」というプロジェクトをやったことがある。

BASHAR 知っています。

ゆんゆんプロジェクト

みつろう　固定観念の外側に行こう！　と呼びかけて、大勢の人を集めた。常識とは、その人が勝手に信じ込んだ枠（わく）のようなものだから、その固定観念を壊すことで、その人の可能性は広がる。簡単に言えば「バカになる」ことが大事。そのために、ＵＦＯを呼ぼうって企画したの（笑）。

誰にも迷惑をかけずに、「バカ」になれる方法なんて、他にはないよね。

大の大人が、真剣に、ＵＦＯを呼ぶんだよ？

このプロジェクトには大勢の人が賛同してくれて、たぶん、日本ではこれまでで一番大きな規模だったのではないかと思う。２０１５年７月７日。日本全国にいる7万人の僕の読者が、ある特定の時間に空に向かって宇宙人を呼ぶっていう、イベント。
実際に、全国でUFOが撮影されたし、100人で集まった東京会場では「全員で目撃」もしたらしい。ちなみにこんな行為って、宇宙人からしたら迷惑だよね？（笑）

BASHAR 迷惑？

みつろう （笑いながら）だって、タクシーじゃないんだから用事もないのに呼ぶな、みたいな……

BASHAR 冗談ですか？「ただ呼ぶ」。それのどこがいけないのですか？
日本に立ち寄る外に、もっと重要な任務があったら日本に来たと思いますか？
あなたは、何か、UFOの邪魔をしてしまったとでも思っているのですか？

みつろう お忙しいでしょうから（笑）

BASHAR もし、彼らが本当に忙しかったら来なかったでしょう。
宇宙人が忙しいのは、地上に姿を現すのに忙しいのです。

みつろう　もし、UFOが現れたのなら、呼ばれたことに応じられる状況にあるUFOがやってきたということです。非常にシンプルです。

BASHAR　その日、バシャールたちは来なかったの？

みつろう　私たちの文明も参加しましたよ。他の文明も参加しましたが。

BASHAR　おお、まじか！　なんか、ありがとう。お忙しいでしょうに（笑）。

みつろう　あなたは、今、私と話をしていても、私に迷惑をかけていると心配していますか？

BASHAR　いや、そこはしてないな（笑）

みつろう　だったら、心配ないですね。

BASHAR　ありがとう。ちなみにそのプロジェクトでは、UFOのエンジン音を真似したらUFOを呼べるということで、「ゆんゆんゆん……」と皆で声を出して大空を見上げたんだけど、このやり方で合ってる？

みつろう　宇宙船のすべてが、そのような音を出すわけではありません。

BASHAR　宇宙船の周波数や波動と一致できると思う音であれば、どんな音を使ってもいいです。音は大切ではありません。UFOを呼びたいという意図が理解されます。

みつろう なるほど。じゃあ、これからも「ゆんゆんゆん」でもいいんだね。

BASHAR あなたがUFOを見るのに適切な状態になれる音だと思うなら、どんな音でもいいです。

みつろう よっしゃ！　じゃあ次はバシャールも来てよ。定期的に「バカになろう！～ゆんゆんプロジェクト～」は開催し続けるから。

BASHAR 来てほしい、と願う必要はありません。
行くことが必要であれば行きますし、そうでなければ、行きません。
そして、そのときに、行く必要のある存在たちが行くでしょう。

ＵＦＯの動力源について

みつろう　この本を読んで参加する人もまた増えるだろうしね。ちなみに「ＵＦＯには、地球の内部から来るＵＦＯもありますか？」って質問も寄せられている。

BASHAR　いいえ。海の中や地面の中にステーション（基地）があるので、そこからやってくるＵＦＯはいますが、地球内部がもともとの居住地ではありません。
ただ、惑星の内部がポータル（出入り口）として使われることがあります。
ですから、地球内部とは若干違う次元になりますが、そうしたポータルを経由してＵＦＯがやってくることはあります。

みつろう　へー。海の中から出てきたら、めっちゃカッコイイね。

BASHAR たとえポータルを通ってそこから出てきたとしても、宇宙人がそこに住んでいてそこからやってくるわけではありません。地球外生命体の基地は、地球の土の中や海の中にあります。月にもありますね。太陽系のいくつかの星にも拠点があります。

みつろう でも、住んでるわけではないと……。

BASHAR 出身というわけではありません。そこを拠点として探査や調査のために、かなり長い間、住むことはあります。例えば今、みつろうさんはたまたまこのホテルに滞在しているだけで、「私はこのホテルの部屋出身」とは言いませんよね？　それと同じです。

みつろう なるほど。あと、「ゆんゆんプロジェクト」の時に、撮影されたＵＦＯの大部分が木だとかの自然物の周囲だった。だから動力源は微生物じゃないの？　ってある人が言っているんだけど。

BASHAR ある種族が微生物をエネルギー源として使っているというのは知っていますが、それは、非常に少数派です。なおかつ、私たちや他の文明が使うエネルギー源と比べると非常に効率が悪いです。

みつろう じゃあ、効率がいいバシャールたちのＵＦＯは何を動力にしているの？

BASHAR 重力や電磁力、光を使っていますが、皆さんが理解できる使い方ではありません。

みつろう じゃあ、聞いても意味がないんだね。

BASHAR エネルギーをこういう形で使っている、という説明はできます。けれども、その説明を聞いても、エンジンがどう機能しているかは理解できないでしょう。

例えば、私たちは、重力や電磁力を宇宙船のスピードを落とすために使ったり、星と星の間を移動するために重力や電磁力を使って、「フォース・フィールド」というものをつくります。すると、それが宇宙船内で「クォンタム・コヒーレンス(Quantum Coherence ＝量子的干渉)」という現象を起こし、私たちの形を別の波上の形に変えて、宇宙のひとつの地点で消え、別の地点に現れることがます。

みつろう 無理だね（笑）。クォンタム・コヒーレンスだったら量子力学の本で見たことがあるけど、そこで限界（笑）。

BASHAR 他にも、宇宙船は、ゼロポイント・エネルギーが動力だと言う人がいますね。
それは正確ではありませんが、一番近い説明にはなります。
私たちは、皆さんがまだ理解できないような方法で光を増幅させ、ある方向に向けたりします。
それが、リアリティにおけるさまざまな次元の違いに表れています。
今の説明も、皆さんの言葉に置き換えましたが、それでも正確ではありません。

みつろう 無理だ（笑）。でも、知らないことが多いから、生きていて楽しいんだな。
知れる喜びがあるから。会えない存在がいるから、明日が楽しみなんだなぁ。
いつか、会えるから。真実から言うと、「未来」なんてないのかもしれないけど、
やっぱり僕たち人間はその「未」な部分を楽しみに「今」を生きる存在だよね。

BASHAR 皆さんは、完璧なタイミングで「今」を生きています。

みつろう この3日間の対話でも出たけど、僕らが生きている「今」は本当に良い時代だよね。

LHCは今現在も「高次元」を探して稼働中だし。グラビトン粒子が見つかった！　って感動は、見つかった後に生まれた人たちは、味わえないんだよ（笑）。

BASHAR　地球の人口が、過去最高に膨らんでいる理由は、全宇宙のさまざまな存在が地球のその最高のタイミングを味わいたいと切望しているからです。今この時代の地球に生まれることができた皆さんは、いうなれば選ばれた存在なのです。私たちは、皆さん以上の存在ではありませんし、皆さんももちろん私たち以上の存在ではありません。すべては「The One」の別の現れですが、今この瞬間に生きている私たちは最高にワクワクする瞬間だと言えます。

みつろう　だよねー。バシャール。長い時間、僕の知的好奇心を満たし続けてくれてありがとう。最高に楽しい3日間だったよ。そしてこの対話のワクワク感はきっと、大勢の読者を通して伝染するだろう。

BASHAR　私たちは、共同でこの世界を創造しているのです。

みつろう　それはわかるけど、今日ほどバシャールが僕から分離した存在で良かったと思えた日はないよ。ひとつじゃないから、その名を呼べる。ありがとう、バシャール。

BASHAR 今という最高の瞬間を皆さんと共同で創り上げることができたことを、誇りに思います。

また、次の「今」でお会いしましょう。

その名が、バシャール

目の前の現実は、すべて「あなた」が創り上げている。これは実際の地球上の科学である量子力学や、脳科学、心理学など、さまざまな分野でわかっていることだ。

過去の偉人も、聖者も、有名な経営者もその仕組みを熟知している。

だからこの本も、「あなた」が創っているのだ。

あなたが、そう望んだから、あなたの前にこうして現れている。

僕が講演会でよく話す内容のひとつに、「見るもの」と「見られるもの」は常に180度正反対という話がある。

簡単に言うと、「あなた」が見たいと思った側ならば、見られている側だってちゃんと、

「見られたい」という想いの下に現れている。

僕も、あなたも、違う意思を持って生きているのに、そのすべての「意思」が矛盾することなく、ちゃんとこの世界の中に整合性を持って現れているというのは、ほんとうに奇跡としか言えない。

この対話は、読みたいように読まれるだろう。

想いたいように、想われるだろう。

観測する人の数だけ、ユニーク（特異）な解釈が生まれるのだから当然だ。

あなたはこの本に、何を見つけただろうか？

僕は、次元の考察が一番楽しかった。「3次元立方体現実」というのは僕がつくった造語だが、それが無数に重なり合える「高次元」を想像したトキ、また新たな感覚を思い出したからだ。

「すべてが今、同時に存在している」という状態を、最新科学の「高次元の概念」を使うことで、上手く説明できた気がする。熟読すれば、「時間」は3次元を整理するための脳内だけのツールだとわかるだろう。

最後に「知る」という行為は「思い出す」という行為に他ならない。なぜならば、元々はすべてを知っている存在「All That Is」だった僕らが、「知らない」を楽しんでいるのが、この世界だから。

もっと知りたい、もっと思い出したいという僕らの意識が呼んだ名前こそ、「バシャール」なのだ。これからも、その名は呼ばれ続けるだろう。そして、僕らの知的好奇心に応える形で、「バシャール」は語り続けるだろう。

おやすみ、バシャール。またいつか、語り合えるその日まで。

さとうみつろう

■著者プロフィール

さとうみつろう

札幌の大学を卒業後、エネルギー系の大企業に入社し、現代社会が抱える矛盾点に気づき思い悩む。

2011年「社会を変えるためには、1人ひとりの意識の革新が必要だ」と痛感し、“読むだけで魂が目覚める”文章を目標に、ブログ『笑えるスピリチュアル』を立ち上げる。開始と同時に「笑えて、泣けて、大きく気づける」とブログは大評判となり、各種人気ランキングで1位となる。

2014年読者や周囲の声に応える形でサラリーマンを引退し、全国各地でトークショー&ピアノライブを開催し、大勢の人に「笑いと勇気」を届け続けている。また、同年出版した初の著書『神さまとのおしゃべり』は18万部を突破する大ベストセラーとなる。

その他著書に『あなたが人生でやっておくべき、たった1つのこと』、『もしも人生が一度きりだとしたら。もしもそれが、「もしも」じゃないとしたら。』、『毎日が幸せだったら、毎日は幸せと言えるだろうか？』（以上、ワニブックス）『笑えるスピリチュアル』（KADOKAWA）がある。

那覇市在住の、子煩悩なパパでもある。

ブログ　http：//ameblo.jp/mitsulow/

ダリル・アンカ

バシャールとの合意のもと、1984年以来、世界各地でチャネラーとして活躍。現在は、ロサンゼルスを中心に活動中。ハリウッドの映画産業を担う、特撮デザイナーでもある。

著書に『バシャールペーパーバック・シリーズ（全8巻）』、『未来は、えらべる！』、『バシャール2006』、『BASHAR GOLD』、『バシャール スドウゲンキ』、『バシャール×坂本政道 』、『人生に奇跡を起こすバシャール名言集』、『バシャールのワクワクの使い方実践編』（VOICE）などがある。

バシャール

ダリル・アンカがチャネルする宇宙存在。1897年の初来日以来、「ワクワクすることをして生きよう」をはじめとする斬新で真理をついたメッセージは、多くの日本人の生き方に影響を与え、書籍シリーズ累計は200万部を突破。

その名は、バシャール

2016年 3月15日　初版　発行

著　者　さとうみつろう／ダリル・アンカ
通　訳　島田真喜子
編　集　西元啓子
デザイン　シオタアツシ、稲葉晋作
図版制作　山田くみ子
発行者　大森浩司
発行所　株式会社　ヴォイス　出版事業部
〒106-0031　東京都港区西麻布3-24-17 広瀬ビル
☎03-5474-5777（代表）
☎03-3408-7473（編集）
📠03-5411-1939
http://www.voice-inc.co.jp/
印刷・製本　株式会社光邦

落丁・乱丁の場合はお取り替えします。

ISBN978-4-89976-450-2　C0011
Printed in Japan

バシャールのワクワクシステムを本から学ぶ

バシャールのワクワクの使い方実践編

"バシャールルール"がわかれば、必ずお金と豊かさが手に入る

定価：1200円＋税　バシャール（ダリル・アンカ）著／本田健訳・解説／新書・上製265頁

人生に奇跡を起こすバシャール名言集

200万部突破の「バシャール」シリーズ珠玉のメッセージを一冊に凝縮。
ベストセラー作家本田健氏のわかりやすい解説で、バシャールの名言がさらに身近になる!

定価：1,200円+税　バシャール（ダリル・アンカ）著／本田健訳・解説／新書上製192頁

新書判 未来は、えらべる! バシャール 本田健

ふたりのベストセラー作家が対談。私たちの未来は、私たちがえらべる!
そしていよいよ新しい時代がはじまる!!

定価：800円+税　バシャール（ダリル・アンカ）&本田健／通訳：島田真喜子／新書並製240頁

バシャールペーパーバックシリーズ 全8巻

オリジナルバシャール決定版。日本人の生き方を変えたベストセラーシリーズ。

バシャール（チャネル：ダリル・アンカ）／通訳：関野直行 ⑦北村麻紀 ⑧くまり莞奈子

バシャール2006

「創造」「投影」「反映」「経験」という、自分が望む現実を実現していくひとつのサイクルを詳細に語った書。バシャールのワクワク・テクノロジーがこの中にぎっしりと詰まっている!

定価：2,200円+税　バシャール（ダリル・アンカ）／通訳：大空夢湧子・渡辺雅子／A5並製400頁

BASHAR GOLD

黄金期のバシャールを集約! 私たちの「認知」を扱った「リアリティ3部作（世界は比喩である+世界を癒す+世界を構築する）」と「1-3-5-7の実現法則」は歴史に残るコンテンツとなった。

定価：2,100円+税　バシャール（ダリル・アンカ）／通訳：関野直行／A5並製352頁

バシャール×坂本政道 人類、その起源と未来

アヌンナキ、ピラミッド、分岐していく現実のパラレル・アース。
ヘミシンク第一人者坂本政道との対話記録。

定価：1,900円+税　バシャール（ダリル・アンカ）&坂本政道／通訳：大空夢湧子／四六上製312頁

バシャール スドウゲンキ

神はサイコロを振るか? 地球の未来は? 須藤元気がバシャールから引き出した時空を超えた全対話記録。

定価：1,500円+税　バシャール（ダリル・アンカ）&須藤元気／通訳：大空夢湧子／四六上製220頁